青春小諸義塾

サムライ教師と未来の学校

大川公一
おおかわ・きみかず

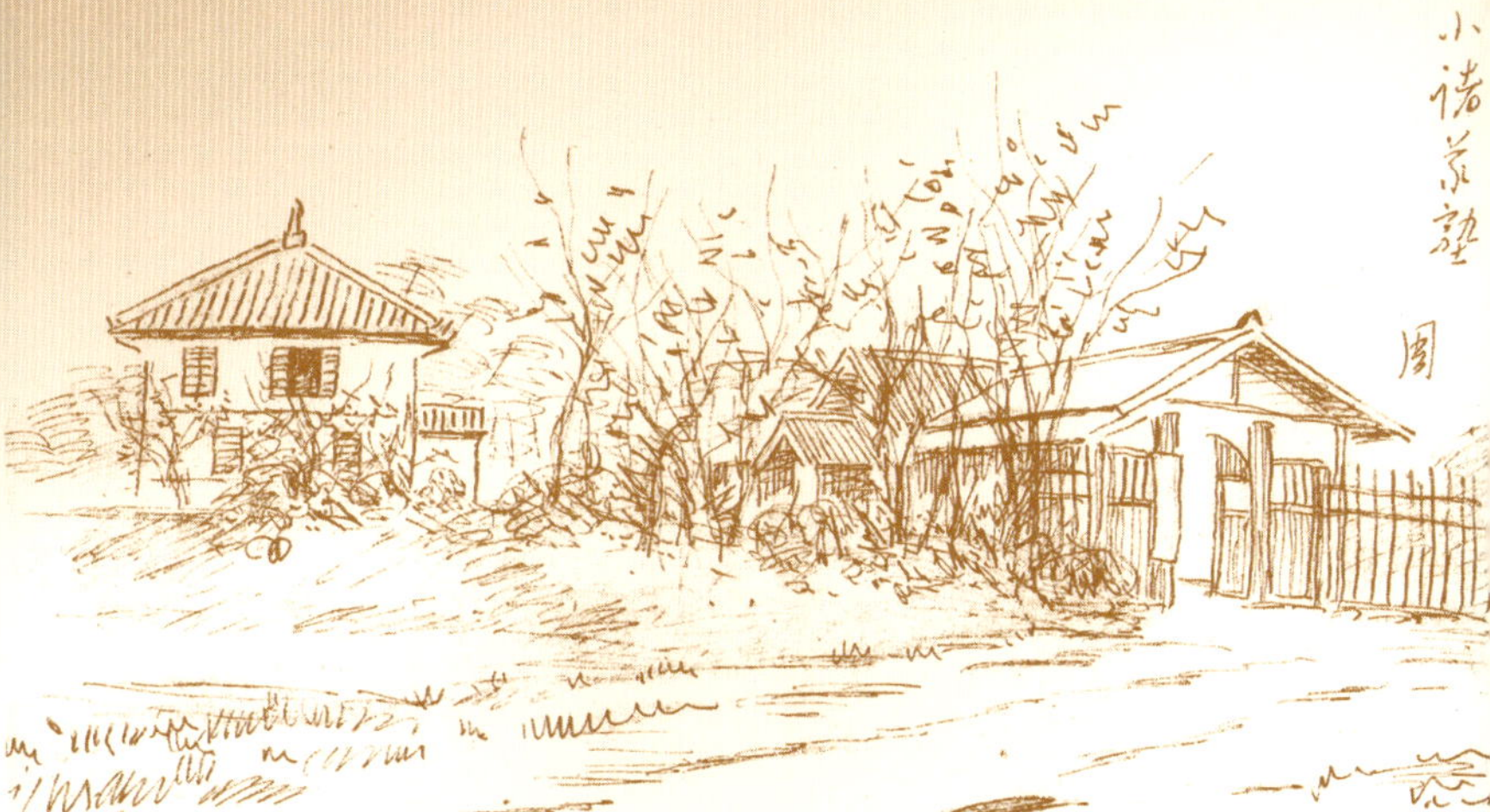

信濃毎日新聞社

序章

人の情熱は、一つの夢を実現させる力を持っている。特に青年の熱い思いは、人を動かし、理想を形あるものにかえる。何かが生まれるのだ。そのとき、いちばん大切なことは、人と人との出会いである。その心と心が響きあうことである。

大きな時代の流れの中で生きるしかない私たちは、ときに、ひとりの人間の力の小ささに気づき、寂しく孤独をかみしめる。自分が無力であることに、うちひしがれるのだ。そんな経験は、現代に生きる人々の誰もが持つことだろう。残念ながら、挫折や失敗のない人生なんてないのだから。しかし、挫折や失敗こそが、人を成長させる。だったら堂々と失敗すればよいのだ。何度でもやり直したらいい。

失敗は成功のもとである。が、困ったことに成功は失敗のもとでもある。特に大きな成功は、大きな失敗をもたらしやすい。

では、どうすればよいのか。その大きな失敗を糧《かて》にして、また一歩前に進んでいくしかないのだろう。一人の人間も、社会も歴史も、あと戻りすることはできないのだから。

時代におされて私たちは生きている。私たちは時代の子である。生まれたばかりの赤ん坊も、死を待つ老人たちも、みな、その時代の申し子である。けれども、私たちは時代に流されているばかりではないだろう。時代が私たちの手によってつくられるのも、また一つの真実であるからだ。歌は世につれ、世は歌につれである。

人が心の奥深くにいだいた真実の思いは、やがて、形あるものとして実現していく。たとえ、その夢がかなわなかったとしても、無になってしまうことはない。一つの人生において、やり残したことは、そのまま忘れられてしまうものではない。

誠実な心が生み出したまっとうな夢は、必ず誰かの手にひきつがれる。人がこの世にある限り、心ある人たちはいつもいる。少数であっても、まっすぐに生きようとする気概ある者がいないはずはない。人間という生きものは、すてたものではないのだ。

人の心と心にかけられた橋。友情、信頼。そして対立、反目、みにくい争い。人と人との出会いが生んだ一つのドラマを語りたい。それは、もう百年以上も前のことだが、今ここで、是非とも語ってみたい。小さな学校の物語だ。

その学校は、十二年ちょっとしか続かなかったけれど、そこには忘れたくない、たくさんの希望があった。そう、希望ということば。今では少々いろあせてしまったことばだが、人がこの世に生きていくためには、どうしても必要なことば、それが、希望だ。夢といってもいい。

理想といってもいい。

こうしたことばは、少年少女のものだけではない。家族を背負って働く大人や、老い先短い老人にだって必要なことばだ。夢、理想、希望のない人生なんて寂しくて哀しい。

夢を食べて生きる動物をバクといったのは、中国人だったか。しかも悪夢を食べて生きていくというのだから、バクっていう動物は、すごい生きものだ。人はバクのようには生きられないだろう。けれども、人が生きていくためには、衣食住だけでない、背すじがピンと伸びる何かがいる。夢を生きて、何が悪いのか。


これから語る物語の主人公たちは、明治という激動の時代を、胸を張ってまっすぐに生きた人たちである。その人たちの生きた軌跡を追いながら、これからの私たちの生き方について、立ち止まって考えてみたい。先を急ぐことだけが賢い生き方ではないからだ。

ときには、振り返ってみるのもよいことだ。ちょっとブキッチョな生き方をした人たちだったが、彼らの人生には、私たちが捨ててきてしまった何かがある。それを知ることは、私たちが変わることにつながるだろう。失敗の物語かもしれないが、それでもいい。その人たちの生き方には、私たちを豊かにしてくれるだけのものがあるに違いない。

では始めよう、小さな学校の物語を。そこに集まった教師たちの人生ドラマを。

高原の街、信州・小諸。かつてそこに、一つの小さな学校があった。

その学校は、小諸義塾といった。

身分などにかかわりなく、すべての人が平等に教育を受けられることを目ざし、寄付などでつくられた学校が、「義塾」と呼ばれた。だから「義塾」ということばには、小諸の人々の夢や希望がこめられているのである。

小諸義塾は、「義塾」という名にふさわしい、高い理念によってつくられた学校であった。

目次

スケッチ　小山周次　作
カバー・本扉（小諸義塾校舎）　小諸市立藤村記念館提供
章扉（小諸の風景）　小諸高原美術館・白鳥映雪館提供

凡例

・著作物、日記、手紙、規則、議事録など文書の引用は、原則として新仮名遣い、新字体で表記し、句読点を適宜挿入した。また、読みが難しいと思われる漢字には、ルビを付した。
・記録の引用で、原文に含まれる片仮名は平仮名に直し、適宜一字空きを挿入した。
・日記など文書の引用にある〔　〕は、著者による補注。
・引用文中、現代では不適切と思われる語句、一般に使われなくなった呼称は、本書の時代背景に照らし、そのままとした。

第一章 出会い

橋のある風景　　木炭・明治37年

小諸の青年たちの夢

小諸市は、長野県の東部に位置している。夏の避暑地として有名な軽井沢の西南、浅間山からも西南の地にある。標高は六、七百メートルあって、夏は涼しいが、冬は家の柱がきしみ割れる音がするほど寒いという。

江戸時代、小諸は一万五千石の小さな藩の城下町に過ぎなかった。が、商業も栄えていたので、実質三万石はあるといわれていたのである。

日本橋を東の起点とする中山道《なかせんどう》。碓氷峠《うすい》を越えて信濃に入ると、追分宿から分かれて、日本海側の直江津に通じる北国街道《ほっこく》が通っているが、小諸はその二番目の宿場町であった。江戸にも京・大阪にも、また北陸へもかよえる地の利を生かして、問屋町としてにぎわっていた。

明治になってからは、国の重要な輸出品の生糸《きいと》をつくる製糸業が盛んになって、小諸の人たちは、新しい知識、学問に対して、強い欲求を持っていた。経済力をバックに、学習意欲は盛んだった。しかし、小諸の若者たちには、物足りない、満たされない思いがあった。当時の小諸には、高等小学校を卒業すると、それ以上の勉強を続けられる学校がなかったからである。

明治中頃の学校制度は、満六歳で入学する尋常小学校が四年間で、これが義務教育。その上に高等小学校が二年から四年。さらに、尋常中学校五年、高等中学が三年、帝国大学三年というふうになっていた。大学まで行くと、卒業するには現在より一年多く通学することになる。
高等小学校を終えて、尋常中学校に進む生徒はごく少数で、一学年に何人もいなかったはずである。それでも、小諸の町の生徒は、経済的余裕があれば長野の尋常中学校へ進学し、寄宿生活をしていた。あるいは東京に出て勉学するか、だった。

明治二十一年（一八八八）には、直江津—軽井沢間の信越線が開通し、そのとき、近くの上田には、中学校ができていた。が、毎日通うのはたいへんなことだった。信越線で小諸から上田まで、片道十四銭。そばが一銭二厘、天丼が三銭、しょう油一升で九銭、理髪料四銭の時代に、往復二十八銭の通学費は高すぎる。一月で七円ほどもかかってしまうのだ。明治三十年の小学校教員は初任給が八円だった。こんな時代に、どんなに豪気な小諸商人でも、青年の月収に近い通学費を出すことはないだろう。

一方、江戸時代から栄えていた小諸の人々には、意地も誇りもあったはずである。長野や上田に対する対抗意識もあったに違いない。自分たちの町にも中学校が欲しい。小諸の人たちの中等教育への思いは、強いものがあったのではなかろうか。

そうした教育への情熱は、小諸の青年たちに共有されていたように思われる。青年たちが集まったとき、中学校や塾のことが話題になるのも、珍しいことではなかったであろう。かつては小諸にも漢学塾や英学塾があったのに、今はそれも閉じられてしまった、自分たちの手で何とかならないのか。そう強く願っていた青年たちだった。

小諸の青年リーダーの一人が、小山太郎である。明治四年（一八七一）生まれの太郎は、小学校を出てから上京し、法律や蚕《かいこ》の病気などについて学んだ。帰郷してからは、父の跡を継いで蚕種製造の仕事をしていた。生糸の原料となる繭《まゆ》は、カイコガの蛹《さなぎ》であり、その卵を採り、販売することが太郎の生業である。

太郎には情熱も行動力もあったが、彼の父親や、叔父・小山久之助《ひさのすけ》の生きざまを見てみると、その生き方や人となりが理解できるだろう。

父・清太郎は山林地主で、明治の新政府が浅間の民間林を国有化しようと圧迫してきたとき、これに挑戦した。行政訴訟をおこし、六年間も政府と闘い、勝利を収めたのだ。この気骨ある信州人の血は、息子に受けつがれた。

叔父・久之助は自由民権の士で、衆議院議員にもなった熱血の人である。日本のルソーと呼ばれた中江兆民は、久之助を深く信頼し、「純粋愛すべき者」とたたえた。

明治二十五年（一八九二）二月十五日の第二回総選挙で、久之助が立候補する。そのとき、中江が応援にかけつけてきたことを、太郎は日記に記している。

しかし、この時の選挙で、二四四票の久之助は、二八〇票の弁護士・立川雲平に敗れてしまった。得票数が少ないのは当時の制限選挙法によるもので、衆議院では直接国税十五円以上の納入者だけが選挙権者とされていたからである。

太郎は二月十七日の日記の中で、利得に走る選挙人たちを批判し、国会が国民の権利伸長のためにあることを知らない愚か者たちだ、と苦々しく書きつけた。そして、堂々と主張する。

「吾《われ》は正義に従《よ》り公道に基《もとづ》き美事《みごと》に勝を制せん事を此《こ》れ勉《つと》む　此《ここ》に於て敗を採りたる所以《ゆえん》なり」と。

この日記の最後に、彼は「吾人《ごじん》は其の撰挙人を憎むものに非《あ》らずして十五円たる制限撰挙法を憎悪するものなり」としたためる。弱冠二十一歳の青年にして、これだけの公正な見識を持っていたのである。

太郎は、十九歳で母を亡くしていた。が、小山家の長男として、残された四人の弟妹の成長にも配慮しながら、常に小諸の町の将来について考えていたのだろう。彼の眼は、いつも遠くを見ていた。

こんな太郎に、一つの運命的な出会いがあった。明治二十六年（一八九三）の六月十五日、彼は、いとこの家の薬局で、四十九歳のヒゲの牧師、木村熊二と巡り会う。太郎はこのとき二十二歳。二人の歳の差は、親子ほどであった。木村熊二は信州佐久地方への布教活動をしていたのである。

小山太郎は、その日の日記に書いている。

「野沢町並木薬局に於て前山村、代議士早川権弥《ごんや》方に滞在中の牧師木村熊二氏に会す。談偶々《たまたま》英漢数の義塾を小諸町に設立に関し努力を約す」と。

英語・漢文と数学を学べる私塾。太郎たちの望んでいた学び舎《や》が、小諸にできる見通しがついたのだ。太郎が抱いた静かな喜びが、伝わってくるようだ。

小山太郎日記の中の代議士・早川権弥は、文久元年（一八六一）、南佐久郡前山村に生まれている。父・重右衛門は、南佐久一の富豪といわれた資産家であった。権弥は小さい頃から俊秀で、長野県師範学校を卒業したが、その頃全国的に広がっていた自由民権運動に共鳴し、二十歳で自由党員となった。県会議員を経て、明治三十一年（一八九八）、衆議院議員に当選している。

明治二十二年には、北佐久へ伝道に来たオランダ改革派宣教師のバラから洗礼を受け、権弥はプロテスタント信者となっていた。木村熊二もオランダ改革派に属していたから、同じ派の信者として権弥は熊二の伝道を支えていたのである。この時の権弥は代議士といっても県会議員であった。

熊二は、十三年もの間、アメリカで学び、マスター・オブ・アーツの称号を持っていた。また、深い漢学の素養もあった。そのうえ熊二には、日本で初めて、私立の女学校（明治女学校）を創立した経験もあった。私塾の指導者として申し分のない人物だったのである。熊二の日記には、ただ「並木直並木伯を訪　小山太郎へ面会」と、事実だけが記されている。

太郎が野沢町のいとこの家から帰宅した後、小諸の青年たちの間で木村熊二のことが話題になったに違いない。小諸にも、外の町に負けない、独自の塾ができそうだ、という期待が高まっていく。だが、熊二は、すぐには動かない。

時が流れ、二人が出会った日からちょうど四ヶ月後の十月十五日、太郎のもとに、いとこの並木伯太郎が熊二と一緒に訪ねてきて、「義塾設立の件に付き依頼あり」ということになった。

熊二の日記には、この日の小山家訪問について何も記されていない。が、三日後の十八日の記述に「小山太郎氏を訪　懐古園を逍遥す」とある。三日の違いはどこからくるのかよくわからない。が、とにかく二人は懐古園を逍遥した。話題の中心は当然、小諸義塾のことだったであろう。

小山太郎
（小諸義塾記念館提供）

これから後、太郎たちの動きはスピーディーである。十一月七日には、荒町の名寺・光岳寺で小諸義塾設立委員会を開き、これに熊二も出席。この日、熊二は滞在先の前山村から歩いて小諸に来て、「小山氏訪問」（日記）の後、上田から田中へ行き、汽車が遅れ、午後七時過ぎに小諸に着いている。それから光岳寺の委員会に出席したので、夜の八時頃の面会だったのだろう。

八日後の十一月十五日には、義塾がさらに具体的になっていく。

太郎の日記。

「十一月十五日　小諸耳取町佐藤知敬方に義塾設立協議会を開く。同二十日再会。出席者十一名」

十一月二十日の熊二の日記には、再開された義塾設立協議会の様子が記されている。

「朝小諸へ出発　小原学校飯田万次郎氏を訪　小諸へ出　青木其他の人々を訪　耳取の宅へ休憩　小山太郎飯田来りて義塾の件を議す　夜諸子来訪　塾規を編成す　此夕一泊」

耳取町は武家屋敷のあった所で、そこの佐藤知敬宅が熊二の小諸での宿舎になっていた。佐藤は旧小諸藩士だと思われるが、船山の号を持つ漢詩人だった。彼は、長野監獄署に勤めていたので、小諸の旧宅は空き家になっていて、そこを熊二が借りていたのだろうか。

二十日の夜には、その佐藤宅に大勢集まり、小諸義塾の規則がつくられた。いよいよ義塾の立ち上げである。その様子は小山太郎日記からうかがえる。

「十一月二十三日　耳取町柳沢禎三氏別宅に於て小諸義塾開校準備会を開き左記八名の創立委員を挙ぐ。小山太郎　小林市之助　青木金蔵　飯田万治　室賀鑑蔵　山田環　西岡覚太郎　与良守三郎」

「十一月二十五日　小諸義塾開校式を塾舎、耳取町佐藤知敬方に於て午後一時挙行。有力者、資産家、町会議員、役場吏員等四十名出席。創立委員は講師兼塾生、則ち木村先生の指導下に自学自習也。」

二十三日は木曜日、二十五日は土曜日で、両日ともに晴天だった。小諸町の有力者たちが四十名も出席しているのは、義塾に寄せる町の人々の期待の表れであろう。

二十五日の小山太郎日記には、小諸義塾の開校式を塾舎の耳取町佐藤知敬方で挙行されたとあるが、木村熊二の同日の日記には、「柳沢呈三氏之宅を借り義塾とす　佐藤邸へ一泊」と記されているので、塾舎として用いたのは耳取町の柳沢宅と考えてよいのだろう。佐藤宅は熊二の宿舎で、塾の教室は別に設けたのである。

また、二十五日の木村熊二日記には、「小諸義塾開業に付《つき》　小山太郎飯田万次氏非常に尽力周旋す」とある。八人の創立委員の中で、太郎と飯田の二人が中心となって立ち働いたのである。生き生きとした二人のふるまいが眼に浮かんでくる。

当時の人たちは、人名を記すとき、わかればよいという精神で、漢字使用が一定していないことが多いが、引用する場合は、そのままの表記とする。「万治」が「万次」となっていても、「市之助」が「一之助」、「金蔵」が「金三」であっても、同一人物と理解しておけばよいのである。

創立委員の小山太郎については既に触れたが、外の七人の委員はどのような人物だったのか。二十二歳の太郎と同様に、みな青年だったのは確かだと思われるが、どんな仕事についていたのか。

二十日の木村日記「小原学校飯田万次郎氏を訪」の「万次郎」＝「万次」とすれば、飯田万治は学校の先生ではないか。彼は数年後に上京し、正則英語学校で文学の勉強をしているから、学究肌の人だったのかもしれない。

青木金蔵と与良守三郎は、ともに小学校の先生。与良の方は二年後に師範学校を卒業しているので、このときは代用教員だったのか。

西岡覚太郎はこのとき尋常師範学校講習科の学生。先生の卵である。小林市之助は、小山太郎の十二年後の日記に「小諸銀行に小林市之助を訪問」とあるから、学校関係者ではないのだが、創立当時の職業はよくわからない。ずっと銀行にいたのかもしれない。

室賀鑑蔵は、活動的な人だったようだが、その職業は不明。後に満州へ渡っている。山田環は後に笠原家の婿養子となって、小諸町に住み続け、義塾の最後にも立ち会っている。

明治二十七年（一八九四）一月十二日発行の『小諸郷友会報告』第十号に、義塾開校式のことが掲載された。小諸郷友会とは、勉学や仕事で東京に出ていった人たちが郷里の人たちと交流をはかり、小諸町の発展に尽力しようとの目的を持って結成された会である。明治二十三年十月、上京中の四人が相談し、十一月九日、七人の参加をもって会が発足。会報を出した。この会も青年が中心だった。小諸義塾創立委員の八人はすべて入会している。

小山太郎、飯田万治の二人は、郷友会の地元組織である郷里部の幹事にもなっている。この二人は、義塾開校式でもよく努めたように、労をいとわず、人のために尽くそうという思いを持っていたようだ。堅実で誠実な人たちだったのだろう。

『小諸郷友会報告』第十号の「通信」記事は、まず義塾の設立式のことを告げ、小学校を修了した者が学べる学校を設置したい、という望みは久しいものだったが、幸いなことに「和漢洋の学に通じ東京文壇に於て雷名を轟かされし米国マスター、オブアーツ、木村熊二氏の献身的熱心を以て此事に当らるゝことを誓」われたことによって、有為の青年たちや学校職員等が生徒になろうと申し込み、ついに設立の運びとなった。当日は、町役場吏員、町会職員や学校職員、その他の寄付金を出した人たち等が参集し盛大であったことを伝えている。

明治二十六年（一八九三）十二月一日が、義塾の始業の日だった。熊二はこの日、前山村の家から馬車を利用して小諸にやって来た。最初の生徒は、八人の創立委員を含んで二十人ほどであった。

翌十二月二日の日記に、熊二は「義塾は諸子之発起に懸《かか》るを以て諸子をして幹事会計を司とらしむ」と書いている。小諸町の人たちは熊二に多大な期待を寄せていたが、熊二本人にとって、義塾はあくまで青年たちのものだった。授業料は月額で五十銭と三十銭の二つのコースがあったようだが、内実はよくわからない。

年明けて明治二十七年一月五日、義塾内の弁論部と郷友会とが協力して、光岳寺で学術演説会を開いた。弁士は十二人。義塾からは五人が登壇した。小山太郎「富国策」、飯田万治「理想的文明」。与良守三郎が「英語之必要」、西岡覚太郎が「青年の遊戯」を語り、小林市之助が「青年の元気」と題して熱弁をふるった。熊二も参加の予定だったが欠席した。体調が悪かったらしい。

義塾の青年たちの演説の題目を見ると、彼らがこのとき、どれほど希望に満ちあふれていたかが伝わってくる。自分たちの塾を実現させて意気盛んだったのである。当日の聴衆は三百人余りもいたようだが、そのうちの二百人余りの人たちは、五厘の下足料をけちったとか、それもウソらしいとか、冗談めかして『小諸郷友会報告』に記されている。

一月三十一日には、熊二が前山村から小諸に転居してきた。本腰を入れて、義塾の教育に取り組む気になったのだろう。木村日記には「小諸町馬場裏小林右三郎之邸を借用す」とある。だが、小山太郎は「木村熊二先生前山村より小諸馬場裏隈部氏宅へ移転す」と日記に書いている。二人の違いは、どこから生じたのか不明だが、四月一日の木村日記には、「小林右三郎へ家税を送る」という記述があるから、太郎の思い違いであろう。とにかく熊二は小諸を本拠地にしたのである。

翌日には、熊二の妻・華《はな》が前山村から移ってきた。創立委員の一人・室賀鑑蔵がいろいろと世話してくれたことを、熊二は日記の中で感謝している。

引っ越しで疲れがたまったのか、この日の夜、熊二は胃ケイレンで苦しんだ。体格が立派だった熊二は意外に体が弱かったのである。

こうして順調な滑り出しをみせた小諸義塾だったが、柳沢宅ではすぐに手狭になってしまった。そこで三月十五日、塾舎は瓦門（大手門）へと移る。旧小諸城の門の上の部屋が新しい教室となった。

四月には、義塾内に図書館を設けることが決まり、熊二は東京から書籍を購入する。五月に入っても図書館設立の相談は続き、看板が掛けられることになった。図書館書類の買入れも続いた。

明治二十七年四月二十七日発行の『小諸郷友会報告』第十二号は、「通信」欄に次のような記事を載せている。句読点がないので、読みやすくするため適当に施すことにする。（以下同じ）

○小諸図書館は、木村熊二君の発起に係り、小学校教員諸君及有志者の賛成数多にして、既に五十余の会員あり。其目的は、各会員より毎月五銭づゝを徴集して、普通読書社会に興味を与ふる書冊を購入し、限りある財を利用して、限りなき文書を読まんとするに在り。但《ただ》し、会員外と雖《いえども》見料を納むる限りは閲覧を得る規定にて、場所は当分小諸義塾の楼上を用ゆ。因《ちなみ》に曰《い》ふ、同義塾は、近来狭隘《きょうあい》に迫られて、字《あざ》大手太田道一君の旧宅に移れり。

三月に移ったばかりなのに、また塾舎の引っ越しである。瓦門上の教室に図書館ができたのでは狭くなるのは当然だろう。それはともかくとして、この頃の小諸町には、義塾、図書館が新設され、にわかに活気づいている様子がある。演説会も開かれ、青年たちも元気である。

こうした小諸町の盛り上がりは、経済的な力によって支えられていたと思われる。明治前半の日本の近代産業をリードしたのは製糸業だったが、明治三年（一八七〇）創立の国営機械制製糸工場・富岡製糸所に続いて、民営の製糸工場を設けたのは、小諸の商人・髙橋平四郎だった。明治七年（一八七四）につくられた丸万製糸である。

その後、明治二十三年（一八九〇）に、小山久左衛門が組合製糸第一純水館を開業する。そして、明治二十七年には丸万製糸工場が純水館第二工場となり、小諸の製糸業は力強く発展していく。小諸は糸の町であった。

木村熊二も自宅で蚕を飼っていた。キリスト教布教のため、現地の人の生活を学び知ろうとしたのか経済的理由なのか、よくわからないが、日記の中に「蚕児発生を点検」とか、「蚕児結繭を始む」とか、養蚕についての記述がしばしば見られる。蚕のつくる生糸の力と、アメリカ帰りのマスター・オブ・アーツ、木村熊二の人間としての力とが、小諸の町の青年たちに希望と勇気を与えたのだ。

校舎となった小諸城大手門（瓦門）

『小諸郷友会報告』第十一号には、熊二を絶賛する「蓮峯外史」という文章が掲載されている。「蓮峯」とは、漢詩を愛した熊二の号である。

記者は言う。蓮峯外史〔熊二〕は、社会の是非を言わない、人のことを悪く言ったり褒めたりしない。野の百合や空飛ぶ鳥のように、全く名利を忘れて生きている。こんな人を私は見たことがない。彼は厭世家ではなく、喜びに満ちあふれて生きている。その人柄は、大海のように広々としている。そんな彼が、この地で、名誉も報酬も求めず、専心一意に教育に没頭しているのだ。彼は、知ることを知っているといい、知らないことを知らないとする。無私の精神を持って教える彼の力で、青年の学力は著しく向上した。その木村熊二のいる義塾は我々を待っている。東京にいる者は、うらやましく思っていることだろう。

要約すれば、こんな内容だが、もとの文章はかなりの長文である。こうした記事が書かれたことは、小諸の町の人々が熊二と接して新鮮な驚きを感じ、敬意を抱いたことを示している。熊二の人格は小諸の人たちの心を打ったのである。

小諸義塾は熊二を抜きにして語ることはできない。その熊二の、これまでの人生を振り返っておこう。

波瀾万丈の人　木村熊二

木村熊二は弘化二年（一八四五）二月、但馬《たじま》（現兵庫県）の出石《いずし》藩の儒臣・桜井一太郎石門の次男として京都に生まれた。ペリーが浦賀に入港し、開国を要求する八年前のことである。桜井家は代々、儒臣として出石を根拠地とする仙石候に仕える家柄だった。江戸時代は幕府制度を支える学問として朱子学が奨励され、各藩には儒学者が仕えていた。それが儒臣である。

父の一太郎石門には四人の子があり、長女が養子を迎えて家を継ぎ、下の男の子三人は、熊一、熊二、熊三と名づけられたが、末子の熊三は夭折《ようせつ》したので、熊二が一番下の子として育った。兄の熊一は、後に貴族院議員となった桜井勉《つとむ》である。

熊二が京で生まれたのには、訳があった。出石藩には、仙石騒動と呼ばれる対立抗争があり、二つの派閥が藩政をめぐって闘争を繰り返していた。天保十二年（一八四一）、その一つの派閥の内部争いで、父・石門は藩から追放され、京に落ちのびていた。が、二年後の政変によって、石門は再び勘定奉行頭取兼弘道館教授に返り咲いている。財務と教育の世界での実力者だったのだ。

熊二は、三歳まで京の旅館で世話になり、その後も近くの知人の家や農家に預けられた。六歳のとき出石の父のもとに引きとられる。が、七歳で江戸へ出たので、熊二が幼児期に父母と共に生活したのは、わずか一年余りだった。といっても、石門は熊二が出石に赴いてすぐに亡くなったようだから、彼には、母と姉との生活だけが、幼時期の楽しい思い出として残った。姉の増子は、家庭の幸福を知らない弟を哀れと思ったのだろう、大切にはぐくんだという。


嘉永五年（一八五二）、七歳で江戸に出向いた熊二は、叔父・桜井三郎石泉のもとに落ち着く。石泉は小普請《こぶしん》組の小役人にすぎなかったから、生活は貧しいものであったろう。熊二が隣家の老荘学者に付いて手習いしているうちに、翌年には叔父の石泉が死去してしまった。

安政元年（一八五四）、熊二は、聖堂の都講（講師）だった木村近之助琶山《はざん》の養子となった。聖堂とは、東京都文京区にある湯島聖堂のことで、林家の私塾だったものが幕府の保護を受け、当時の正式な学問所となっていた。
熊二の養父となった琶山は、熊二の父・石門の高弟だったが、二年後には二十八歳の若さで亡くなってしまう。熊二の幼少年時代は、周りを死が取り囲んでいるようである。

それでも、熊二は学問を続けていく。聖堂で中村敬宇（正直）に学び、河田廸斎《てきさい》の塾にも通っている。昌平黌《しょうへいこう》（聖堂の付属学校）では、佐藤一斎《いっさい》・安積艮斎《あさかごんさい》に学んだ。いずれも、当代一流の学者ばかりである。

木村熊二
（小諸市立藤村記念館提供）

佐藤一斎は幕末の代表的儒学者で、幕府儒官・林家の塾頭という立場上、朱子学者としての姿勢をくずさなかったが、陽明学の影響を強く受け、陽朱陰王といわれていた。表向きは朱子学だが、実際は王陽明の思想に近いということだ。理性を重視し、あくまで客観の論理的立場を守っていた朱子の哲学に対して、自分の心を重んじ、知行合一の行動主義を唱えたのが、王陽明の哲学である。

熊二が佐藤一斎という陽明学者に学んだことは、その後の彼の生き方を考えるうえで重要なの意味を持っているように思われる。一斎の門人には、渡辺崋山や佐久間象山、横井小楠《しょうなん》らの開明的な思想家がいるし、西郷隆盛が一斎の『言志四録』を愛読したことは良く知られている。幕末から明治にかけての日本の歴史に、最も大きな影響を与えた儒者が、一斎であった。

熊二はやがて聖堂寄宿人となり、助教の職にも就くようになった。まだ十代である。彼は、当時の日本の最もすぐれた儒学者たちに親しく交わって、その教えを受け、自らも一流の学者の仲間となった。このことは、熊二の生涯を考えるうえで忘れてはならないことだろう。

熊二の学問は、彼の血肉となった。晩年の熊二は言う。「少壮より学び来りたる孔孟の道の深く余が脳底に沈潜して他はことごとく排除して入るをゆるさざりき」と。

現代の学問は、個人の立身出世と強く結びつき、そのことはほとんど疑われていない。多くの学生にとって、有名大学を優秀な成績で卒業することは、すばらしく立派なことなのだろう。しかし、今から百五十年ほど前の日本では、学問とは、まっとうで立派な人間になるためのものだった。学ぶことは、競争ではなく、人格の完成を目ざして行われる、最も人間的な行為だったのである。

さて、熊二のその後の人生は、どうなったのか。

文久三年（一八六三）、幕府歩兵局徒士《かち》目付となり、翌年の第一次長州征伐に従っている。

慶応元年（一八六五）、二十歳で、田口鐙《とう》と結婚する。鐙は、佐藤一斎の曽孫であり、明治を代表する経済学者の一人、田口卯吉《うきち》の異父姉にあたる。

田口卯吉は明治政府の大蔵省等に勤めたが、退職後、二十四歳で『東京経済雑誌』を創刊し、自由主義経済を主張した。東京府会議員や衆議院議員としても活躍。名著『日本開化小史』第一巻を出版したのは明治十年（一八七七）、二十二歳のときだった。

熊二は結婚してすぐに長州再征のため大阪へ赴くが、翌年十月には江戸に帰り、下谷に居を構えた。慶応四年（一八六八）二月には長男・祐吉が誕生する。その三ヶ月後、上野で彰義隊が官軍と衝突するが、一日で壊滅してしまった。

彰義隊とは、上野の寛永寺に集まった旧幕臣が結成したもので、二千人ほどの勢力があった。長州・薩摩を中心とした明治政府に敵対するが、大村益次郎の指揮する官軍により撃破される。

当時、熊二は彰義隊へ糧食を運ぼうとしていたらしい。彼には恭順の意志なく、官軍の厳しい探索を逃れ、江戸幕府滅亡により徳川家の移封先となった静岡に向かい、家族は横浜に疎開させた。このときの官軍は幕府軍の家族まで殺戮したので、熊二は官軍への強い憎悪を抱くようになった。

新政府の出した幕臣への三つの条件は、朝臣になるか、農・商・工となるか、静岡に移住するか、ということだったが、熊二は結局、三番目の条件に従ったことになる。

明治二年（一八六九）には、家族を静岡に迎えたが、一家の生活は困窮をきわめた。熊二は静岡藩から書籍関係の下役を命じられ、高百俵五人扶持を得ていたが、妻・鐙の祖母や母も一緒だったから、生活はどん底だった。少々の土地を与えられたので、鐙たちは大麦・小麦をつくり、綿や茶なども栽培し、鶏を飼ったりの自給自足に近い生活に耐えた。

徳川家の家臣であった誇りを捨てきれなかった熊二は、藩の命令にも容易に従わず、薩長の新政府に出仕する意志も全くなかった。彼の心中には、抑えきれない怒りがうずまいていたのだろう。ところが、近くに住んでいた友人の転身が、熊二に思わぬ転機をもたらした。

明治三年（一八七〇）、外山正一《とやままさかず》が米国公使館の書記官として赴任することになり、熊二や、同じ旧幕臣の大儀見元一郎に同行渡米を誘ったらしい。勝海舟の援助もあって、熊二は「佐倉定吉」という偽名で、同年十二月三日、横浜からグレート・リパブリック号でアメリカに向かった。十二月二十七日、サンフランシスコに着き、翌年の一月八日、ニューヨークに到着した。

外山は、幕末イギリスに留学し、英語に通じていた。渡米後、外務省を辞し、ミシガン大学で哲学等を学んでいる。帰国後は東京大学で教え、東大総長や文部大臣を歴任。明治の教育・文化に貢献した人物である。

熊二の方は、アメリカ行きを「脱走」と考え、帰国しないつもりでいたようだが、妻の鐙は、三年ぐらいの留学は心機一転の良い機会だと考えて賛成していたのである。

当時の熊二にとって、新政府の成り上がり者たちも、静岡に移住した不甲斐ない旧幕臣の多くも、ともに許しがたく面白からぬものだったのだろう。が、妻子がいるのに、日本を捨ててアメリカに永住しようという彼の目論見を、『小諸義塾の研究』を書いた高塚暁《さとる》氏は、「時が解決してくれるという感情優位の行動」で、「杜撰《ずさん》な考え方」だと批判している。

確かに熊二には、幼年期の特異な生い立ちや陽明学の影響からか、しばしば一人よがりの行動が見られるようだ。しかし、熊二は、言葉もわからない異国の大都市ニューヨークで、運命の人と出会う。リフォームド〔改革派〕教会の牧師で、アメリカ北部のミシガン州ハーランドにあったホープ・カレッジの学長ヘルプスである。


ハーランドとはHOLLANDで、オランダに通じる地名である。一八四六年、新大陸にやってきたオランダ人巡礼者の一団が、ミシガン湖の東岸にクリスチャン・コミュニティを築き、ホープ・カレッジという学校を持った。学長のヘルプスは、学問と不動の信念に生きた愛の人だった。

熊二は、ヘルプス一家やハーランドの人々の親切な支援によって、少しずつ英語も身につけ、ホープ・カレッジ入学のための学力を培っていく。そして、次第にヘルプスの人間性にひきつけられていった。

ヘルプスは常に悠然としていて、穏やかで上品な雰囲気を醸し出し、その胸間からは無限の愛がほとばしり出ているような人物だったという。ヘルプスは牧師でありながら、熊二に聖書を教えたことはなかった。けれども、キリストの言行を自ら実践することを通して、熊二の心境を変化させていった。ヘルプスの信仰の力が、熊二を目覚めさせたのだ。

熊二は日本で最高の儒者たちに接していたのだが、ヘルプスのような品位の高い、真実の信仰に生きている人に出会ったことはなかった。その感激を、後に熊二は「かの権謀といひ術数といひて詐術をこれ事とする東洋の賢人君子とは大小高卑の差果たして幾許《いくばく》そや」（「めぐみの旅路」）と書いている。

こうしてハーランド在住の二年ほどの間に、熊二はことばの不自由もなくなり、英語力を養い、聖書を読んだり講話を聞いたりすることができるようになって、自身の儒教的教養とキリスト教との内的な葛藤が始まった。

この頃、ある日曜日の夕方、熊二は日本にいる妻子の夢を見た。万感胸に迫り、その後は眠ることができなかった。翌日、課業が終了してから校外の深林に入って祈り、聖書を読もうと開いたとき、マタイ福音書十一章の二十八節に眼が行き、しばらく茫然としていた。

「さあ、疲れている者、重荷を負っている者はだれでも、わたしの所に来なさい、休ませてあげよう。わたしは心がやさしく、高ぶらないから、わたしの軛《くびき》を負ってわたしの弟子になりなさい。そうすれば魂の休息が得られよう。わたしの軛は甘く、わたしの荷は軽い。」

（塚本虎二訳）

キリストの愛ある語調と優美な文章が、熊二の心をうった。そして、アメリカに来てからも持ち続けていた「薩長人士」への彼の憎しみが、突然、許すべからざる醜悪なものに感じられた。それまでの自分の賤劣さを恥じた熊二は、マタイ伝中のこの言葉を何度も口にして、自らを慰めたのだった。

実は、ハーランドには長州岩国藩の津川良蔵が熊二より一年早く留学していた。薩長への憎悪と復讐の念に燃えていた熊二は、当然、津川のことをこころよく思っていなかったのだが、この津川が金に困っているのを助けた。「敵を愛せよ。自分を迫害する者のために祈れ」というイエスのことばが、熊二の背中を押したのだ。

また、近くの農家で誤って奴隷として働かされていた薩摩人・松田為常を、ヘルプスの指示によって救出した。イエス・キリストの「愛」の精神が、熊二の武士の魂を揺るがし、彼を「平和なる十字架の兵卒」に変えたのである。こうして熊二は回心し、明治五年（一八七二）六月、キリスト教に入信する。津川良蔵と大儀見元一郎も一緒だった。

新政府がキリスト教禁制の高札を撤廃したのは、明治六年（一八七三）二月だった。熊二たち留学生には、「宗門相改候儀堅く御制禁の事」という、改宗を禁じる規制の入った文書が渡されていたのだが、ハーランドの日本人三人は、その禁を破り、自らの内面の導きに従ったのである。

十九世紀後半のアメリカには、プロテスタントたちの理想が生き生きと実現されていた。アメリカに新しい天地を求めて渡ってきたプロテスタントの移民たちは、小さなコミュニティをつくり、相互に少数派の権利を認め合い、ヨーロッパの新教徒に比べて、はるかに自由でヒューマニックな信仰生活を送っていた。「隣人愛」を文字通り生きていた。ハーランドは、そうしたプロテスタンティズムの典型的なコミュニティの一つだった。ハーランドの人々の敬虔で自足した生活と、隣人への思いやりは、熊二の怒りと憎しみでいっぱいになっていた心を、いつの間にか癒していったのだろう。

熊二には深い儒学の素養があったが、彼はその世界から一歩踏み出し、プロテスタントの理想の世界を全身で受け止め、それに生きようとした。ヘルプス一家の深い信仰とハーランドの町の人たちの心豊かな生き方が、熊二を新しい世界へと押しやったのである。

一方、日本に残された熊二の妻・鐙は、貧しい生活の中で孤軍奮闘していた。それを見かねて、勝海舟が時々支援している。

海舟の運動により公費留学生となっていた熊二のもとに、明治六年九月、帰国命令書が届く。長州の津川良蔵は帰国したけれど、熊二と大儀見元一郎はそれを拒否して私費留学生となった。妻からは帰国を願う手紙が何通も何通も寄せられていたのだが、熊二は、アルバイトをしながら勉学を続ける道を選んだ。

明治十二年（一八七九）五月、熊二はついにホープ・カレッジを卒業する。しかし、アメリカ滞在はもう九年にもなっているのに、熊二にはまだ帰国の意志はなかった。九月には、ニューヨーク南のニューブランスウィック神学校に入学する。ラットガルス大学の附属神学校である。

この頃、熊二は、深い宗教的開眼をして、その経験が、彼を牧師の道へとみちびく。熊二は、ニューブラウンスウィックに向かう途中、グランドラーベックに立ち寄った。そこには、かつてホープ・カレッジでラテン語を教えていたモオンダイキが、イギリス教会の牧師としていたからである。

翌日の日曜日、熊二は晩餐式に列席するために、モオンダイキ夫妻と教会堂に向かう。そのとき、不思議な事が起こった。晩餐式の直前、彼は「疾風迅雷の如き勢をもって余が上に襲ひ来たるものあるやう」に感じ、パンや杯を手にすると手は震え、涙が止まらなかったのである。

式が終わると、熊二は平常に戻ったが、寝室に入っても眠れないので聖書を開き、涙とともに読んだ。そして、「余は過ぐる八年余も天父慈悲の下にありながらその心は未《いま》だ全く塵世《じんせい》の羈絆《きはん》を免がるることを得ざるを悟り、翻然罪を悔ひて祈祷せり」（「めぐみの旅路」）となった。俗世間の束縛から免れられないでいる自らを悟り、その罪を悔い改めた、というのである。

この経験は、熊二に大きな変化をもたらし、彼の人生を決定した。だが、熊二に日本で牧師として生きる不安がなかった訳ではない。神学の勉強と同時に、奨学金をもらってニューヨーク大学で医学の勉強も始めている。日本での生活の問題が、はっきりと具体的なものになってきたのだ。

この医学研究は、日本にいる兄・熊一（勉）や義弟の田口卯吉には好意をもって受け止められた。だが、妻の鐙はそんなことはどうでもよかった。息子の祐吉の教育に手を焼いて、一日も早い夫の帰国を懇願していたのである。

明治十五年（一八八二）四月、熊二は、オランダ改革派教会の派遣牧師として日本に帰国することが決定する。翌月、二回の試験にパスし、足かけ十二年に及ぶアメリカ留学が終わった。

熊二は、故国日本の現状を「欧米の糟粕《そうはく》を嘗《な》め〔まねをするだけで〕物質上の進歩に垂涎《すいえん》せる社会」と見ていた。そして、皮相の西洋通や欧米の心酔者たちを嫌悪し、軽蔑していた。アメリカ文明の中にある物質主義とその悪を見抜き、厳しく批判していたからである。一方で彼は、アメリカの田舎の農民たちが、キリスト教信仰によって、どれほど心豊かで敬虔な生活をしているか、ということも熟知していた。

日本での伝道に不安を覚えた熊二は、鉄道や電気等の技術者として立ちたい、という希望を持った時期もあった。が、そうしたものは文明の外部に過ぎず、ワシントンやリンカーンのような敬神愛民の傑出した人物を育てる方が貴国のためになる、と言ったヘルプス夫人の考え方に共感した。そのことばが、彼の日本での人生を決した。

こうして医学の研究も放棄し、宣教師となって帰った夫を前にして、妻の鐙は、どんなに戸惑ったことだろうか。けれども、彼女は、熊二の帰国から四ヶ月後の明治十五年十二月末日、息子の祐吉と共に受洗したのである。夫の言動によって、魂を揺すぶられたのだろう。

鐙は、佐藤一斎の血をひき、武家の女性として幼少の頃より読書を好み、弓馬や槍剣のわざにもたけた女丈夫だった。その鐙が、夫・熊二によってキリスト教の真理に触れ、人格が一変したのである。剛毅・忍耐の天性のうえに、キリスト教の福音によって、温和なやさしさが加わり、その後の鐙に会った者は、愛慕の情を抱かざるを得なかったという。角がとれて、人をおだやかに受け入れる深々とした女性が誕生したのだ。

鐙の信仰は、彼女が武士の妻として生きていたことを抜きにして考えることはできない。熊二や鐙のことを研究した青山なを氏は、彼らのキリスト教信仰について、『明治女学校の研究』の中で、次のように述べている。

「彼らの武士的教養、武士的訓練は、要するに峻烈な精神主義、理想主義であって、指導者階層としての忠誠心は、責任、克己、自制、無私、公平、慈悲にと鍛錬されていた。この心がキリスト教の、正義をうけいれ、愛に甲《かぶと》をぬいだのである。彼等はキリスト教倫理を自らのうちにうけいれたので、アメリカの物質文明の醜悪を、昂然として批判することができたのであろう。つまり、キリスト教の正義と、武士の子の正義と、その径庭〔隔たり〕に、よし千里の差をみとめたにせよ、それが正義である以上、彼等は端的に一直線上につながるべきことを疑わないのである。真理は一つ、普遍であるとの直感である。」

儒学によって鍛えられていた武士たちの精神は、キリスト教の愛の倫理を受容する深さと大きさを有していた。女丈夫としての鐙もまた同じように考えて良いのだろう。夫の熊二から伝えられたイエス・キリストの愛の思想は、鐙の内なる心に火をつけ燃え立たせたのである。

この鐙の情熱は、熊二と共に取り組む日本の女子教育に向けられていった。明治十八年（一八八五）十月、明治女学校が開校する。校長は勿論、熊二である。教員には、のちに女子英学塾（現津田塾大学）を創立した津田梅子などがいた。

鐙は取締の地位にあって、彼女が校長だと思っていた人もいたらしい。実質は鐙の学校だといってもよいのかもしれない。ところが、鐙は翌年の八月十八日、コレラによって急逝する。まだ三十八歳の若さだった。

臨終のとき、鐙は少しも苦しむことなく、聖書の一節を読んでもらい、夫と息子に自分の指にはめていた指環《ゆびわ》を一つずつ贈り、熊二の手で起こされることを願った。最期の看護の御礼を口にするためである。が、それがかなわないことを知ると、水を所望し、飲み終わると、眠るように逝《い》った。

その後も熊二は、明治女学校の校長を続けていくが、教頭になった巌本善治《いわもとよしはる》が学校運営の中心となっていった。巌本は、熊二と同じように出石《いずし》藩の儒者の家に生まれた。熊二もかつて師事した中村敬宇の同人社で学び、英語や新思想を身につけたが、アメリカから帰国したばかりの熊二と出会い、熊二の手で洗礼を受けている。鐙を母のように慕い、心から敬愛し、『木村鐙子小伝』を書いた。

当時の東京には、キリスト教を建学の精神とする学校はいくつかあったが、いずれもミッション（伝道団）の基金によるものだった。日本人だけで経営されていた女子の私立学校は、明治女学校のほかにはない。熊二の強い独立の精神が働いていたためであろう。ところが、熊二の属するミッションは、明治女学校校長としての彼の仕事を支持していなかった。ミッションとしては、自分たちの手を離れて日本人だけの力で創られた学校を認めたくなかったのだ。その上、鐙の死もあって、熊二は学校を維持していく気力を失ってしまった。

明治二十年（一八八七）四月、四十二歳の熊二は海老名弾正《だんじょう》の司式によって、まだ十八歳の伊藤華《はな》と結婚する。華は福井藩の儒臣の娘だが、熊二の教え子でもあった。歳の離れたこの若い花嫁は、美人ではあるが教養に乏しいと、知人たちの間では評判がよくなかったらしい。

熊二とかかわりが深く、敬愛の念を抱いていた島崎藤村は、自分の少年期から青年期の体験を基として作品化した『桜の実の熟する時』第一章の中で、こんなふうに書いている。主人公の捨吉が藤村、その恩師浅見先生が熊二である。

「浅い谷を隔て、向うの岡の上に浅見先生の新築した家が見えた。神田の私立学校で英語を授けて呉《く》れた浅見先生が斯《こ》の郊外へ移り住んで居るということは捨吉に取っては奇遇の感があった。新築した家の出来ない前は先生は二本榎《にほんえのき》の方で、近くにある教会の牧師と、繁子たち〔藤村の知人がモデル〕の職員として通って居る学校の教頭とを兼ねて居た。捨吉はしばらく二本榎の家の方に置いて貰った。そこから今の学窓へ通って居た。（中略）『何時《いつ》までも置いて進《あ》げたいとは思うんですけれど、家内はあの通り身体《からだ》も弱いし、御世話が届きかねると思いますからね―』それが先生の家《うち》を辞する時に、先生に言われた言葉だった。『私のすることは少許《ちっと》も貴方の為に成らないッて、左様《そう》言って叱られましたよ―私が足りないからです。』それが奥さんの言葉だった。

捨吉から見れば浅見先生は父、奥さんは姉、それほど先生夫婦の年齢は違って居た。奥さんは繁子や玉子の友達と言いたいほどの若さで、その美貌は酷《ひど》く先生の気に入って居た。一頃《ひところ》は先生も随分奥さんを派手にさして、どうかすると奥さんの頬には薄紅い人工の美しさが彩られて居ることも有った。亜米利加帰りの先生は洋服、奥さんも薄い色のスカアトを引いて、一緒に日暮方の町を散歩するところを捨吉も見かけたことが有る。」

この後、熊二は、明治二十一年（一八八八）には台町教会の牧師となり、頌栄《しょうえい》女学校長にも就任している。彼はこの頃、ＹＭＣＡ（キリスト教青年会）活動に熱中しながら、二つの教会の合同問題にもかかわっていたが、教会幹部の言動に愛想尽かしの状態だった。そこへさらに、長男・祐吉の非行が重なって、熊二の憂愁は深まっていた。

祐吉は同志社に学び、一時、明治女学校の教員もしていた。しかし、足のケガからモルヒネ中毒患者となり、病状が悪化していく。祐吉は父の熊二に常に金を請求し、信者たちにも借金して負債が重なり、返済督促に耐え切れなくなって行方をくらましてしまう。執達使の差し押さえにもあっている。中毒症状は発狂寸前にまで到り、入院の手続きまでしなければならなくなって、さすがの熊二も心労で倒れてしまう。

回復した熊二は、明治二十四年（一八九一）十月、信州の軽井沢から小諸にかけて伝道の旅に出た。キリスト教信者で県会議員だった南佐久の早川権弥《ごんや》の手引きによるというが、明治二十一年に、十六歳の島崎藤村が高輪の台町教会で熊二から洗礼を受けたとき、一緒に受洗した関友三（五太夫）が小諸の町に住んでいたことも縁になったのかもしれない。

息子・祐吉の不始末、二番目の妻となった華への不評等々で、進退きわまった熊二は、この年（明治二十四年）の一月二十八日の日記に「全能之神我と共に存して我を助けたまうことなくば我は夙《つと》に牧師の任を辞すべしと決定せり」と書いている。そこまで彼は追いつめられていた。しかし、信州の旅は、熊二に大きな収穫を与えた。神に罪を許され、救われていく自分を発見して、本格的な信州での布教を決意したのである。

明治二十五年（一八九二）一月十四日朝、熊二は品川駅を発ち、信州佐久へと向かう。彼はこのとき、もう四十七歳になっていた。

熊二の佐久・臼田や岩村田での伝道を支えたのは、早川や並木伯太郎、医師の井出雄太郎たちであった。並木は漢学の素養もある開明派で、早くから医薬分業を唱えていた薬局経営者だった。後にアメリカに渡り、そこで死去したというが、この並木が小山太郎のいとこであり、翌年六月に並木の家で熊二と太郎が出会うことになる。熊二―並木―太郎の人間的縁が、小諸義塾を誕生させたのだ。

そんな中で、熊二の息子・祐吉の問題はまだ解決していなかった。熊二が佐久にやって来た明治二十五年の八月十九日、祐吉は勝海舟を訪ねて十円〔現在の二十万円ほど〕をせしめている。これは詐欺行為に近かったらしく、自分の大切な恩人をだました息子に対し、熊二はさすがに匙《さじ》を投げた状態に陥っていた。

祐吉はモルヒネ中毒から抜け出すことができず、周囲の人たちから借金を重ね、私書私印偽造の罪で、ついに熊本の監獄に収監されてしまった。祐吉は遠く九州まで放浪していたのだ。重禁錮三ヶ月、罰金二円の判決だった。だが、熊二が身元引き受け人にならなかったために、九ヶ月の収監となり、出獄したのは明治二十六年（一八九三）九月二日。熊二が小山太郎と出会い、佐久の青年たちの教育にかかわろうとしていたとき、太郎より三歳年長の息子は、もうどうにもならないところまで行っていた。祐吉は悪人ではなかったが、むら気で弱い性格の男になってしまっていた。

長い間の父の不在、強い立派な母親の存在、そしてその母親の抱く将来への不安や苛立ち、そうしたものが祐吉の成長に伴ってマイナスの働きをしてしまったのだろうか。父と子、母と子の問題は、ときに解きがたく重いものがある。

熊二は、時代の転換期のはらむ多くの難事を、長いアメリカでの生活とキリスト教への回心によって何とか解消することができた。だから、彼の宗教心は一生の間、揺るがなかった。妻の鐙もまた、夫不在の長い間の不安感や困窮生活のつらさを、晩年には夫の持ち来たったキリスト教の福音によって癒され、覚醒の喜びに浸された。しかし、子どもは両親とは異なる一つの人格なのである。両親にとって可能だったことは、必ずしも子どもにとって容易なことではない。それは不可能なことなのかもしれないのだ。

あまりに偉大で立派な親を持つことは、子どもにとって、ときに抑圧であり、不幸なことである。社会的に活躍し、尊敬を集める親であっても、家庭の中では、時々弱みを見せる人間である方が、子どもにとっては楽であり、その成長をたすけることにつながるのではないだろうか。自己意識を持つ人間という動物を相手にする時は、互いに不完全であることを自覚している方がいい。

祐吉が京の同志社に遊学する時、母の鐙は、「もののふは心もきよくいさぎよくすみたる月にな恥ぢそ」という歌を贈っている。が、息子にとっては、もっと母親らしい言葉が欲しかったのではないだろうか。たとえば、「体を大切にして勉学に励め」とか、「時々たよりを寄こせ」とかいう言葉である。あるいは、凜とした姿の中に垣間見せる淋し気な表情、心配と息子への思いでいっぱいの瞳、そうしたものの方が息子の背筋をシャンとさせるのであろう。

武士《もののふ》として、澄んだ月に恥じるようなことはするな――これでは、息子の心はかえって委縮してしまう。ふるい立つことはない。こうした点で、鐙は母親として半分失格である。たとえ武士の妻であったとしても、母には、人間の母としての役割があるだろう。

熊二も鐙も、人として限りなく立派である。しかし、人間の親としてはどうだったのか。祐吉の立場で彼らを見るとき、浮かび上がってくる一つの疑問である。

明治16年（1883）、東京で一堂に会した全国キリスト教指導者たち。２列目右から３人目が木村熊二。アメリカから帰国した翌年で38歳の頃。左へ順に新島襄、内村鑑三。前列右端が海老名弾正、３列目左端が熊二とアメリカ留学をした大儀見元一郎（小諸義塾記念館提供）

第二章　発展

小諸（六供から）　木炭・明治37年

生まれ変わる義塾

明治二十七年（一八九四）八月十八日の土曜日、夏の休みが終わって小諸義塾が再開される。小諸町大手、太田道一宅での授業である。

九月十八日の夜、フルベッキが義塾で演説した。演題は、この年の八月一日に始まった日清戦争の影響か、「愛国について」であった。聴衆は五十人余りであったという。

フルベッキは一八三〇年生まれで、木村熊二より十五歳上。熊二と同じオランダ改革派教会の宣教師として、一八五九年に来日。日本語を習得し、長崎や佐賀の学校で、英語、フランス語、ドイツ語などの語学をはじめとして、法律や科学・兵学等を教え、大隈重信や副島種臣、伊藤博文などに影響を与えた。明治新政府の顧問として活躍し、開成学校（現東京大学）の教頭も務めた。明治学院の設立にも尽力。また、岩倉使節団の派遣を進言するなど、一宣教師の立場をこえて、日本の近代化に多大な貢献をした。

フルベッキは、日本という国家が長く続いてきたのは、人民の「愛国心」によるものであり、この愛国心こそが道徳の中心なのだと説いた。そして、現今の日本の教育は知育であって、徳育ではない。徳育こそが大切なのだが、そのためには儒教では不充分で、キリスト教でなければ愛国心を中心とした道徳教育は不可能であると強調した。

フルベッキは日本語がうまかったというから、この日の演説も当然日本語だったと思われる。演説の内容を小諸の人たちがどのように理解したのかはともかくとして、六十四歳になっていたフルベッキが小諸で講演するということは、小諸の町にとっての一つの事件だったであろう。これも、木村熊二なくしては不可能なことだった。

ところで、この演説より一週間前、九月十一日の木村熊二日記に「長崎大儀見氏より通信祐吉之件を報す　同氏へ返書　金参円相廻す」とある。

大儀見氏とは、熊二と共に長期のアメリカ留学をした大儀見元一郎で、熊二と一緒に洗礼も受けていた。彼も帰国後は牧師として活動したが、このときは長崎にいたのだろう。熊二の長男・祐吉が熊本の監獄を出てから、ちょうど一年経っている。祐吉はずっと九州を放浪し、どうにもならなくなって、父の友人・大儀見を頼ったのだろうか。熊二が返事の手紙とともに三円を送っているのも気になる。祐吉が大儀見に迷惑をかけたのか。いずれにせよ、熊二の気苦労は続くのである。

十一月十八日の日曜日、熊二は義塾で聖書講習をした。

義塾創立委員たちとの間で、熊二は授業でキリスト教を説かないことを約束していたらしい。創立委員の中でも、小山太郎などは内村鑑三とも知り合いだったから、キリスト教への深い理解を持っていただろうが、江戸時代の禁教であったキリスト教への偏見もまだ根強く残っていたはずなので、小諸の人たちが義塾教育を誤解することを恐れて、義塾での宣教はしないようにしていたのだろう。しかし、日曜日ならば、塾舎を使っての聖書講習も例外的なこととして認められていたようだ。

十二月十八日、熊二は耳取町の佐藤知時方に転居する。そして、二十三日には、旧小諸藩最後の藩主・牧野康済《やすまさ》の長男で、子爵の康強《やすたけ》が、熊二と同居するために佐藤宅に移ってきた。康強はまだ若者で、熊二が学問の師となったのである。

熊二の父・桜井一太郎石門が仕えていた出石藩の仙石家は、かつては小諸藩主であり、その後を牧野家が受け継いでいた。だから、熊二は、自分の先祖がいた小諸の地で、その後長く藩主であった牧野家の当主と子弟の絆《きずな》を結んだことになる。この不思議な縁《えにし》を、彼は『梅丘之碑』という漢文の中で感慨深げに書き記している。

明治二十八年（一八九五）二月三日の木村日記に「山田環氏より蕎麦粉を贈らる　同氏来訪に付〔き〕図書館之《の》事を托す」との記載がある。図書館は、まだ瓦門の楼上にあり、熊二は時々この楼上の部屋を利用していたようである。

二月十二日の小山太郎日記には「小諸義塾月謝金三十五銭、同撃剣部金十銭、主範は宇野了夢氏、幹事は山田環。塾舎は瓦門に移る。」とある。撃剣（現在の剣道）の稽古は、瓦門の教室で行われている。図書館も撃剣部も、義塾主導で始まった。小諸義塾は文武両道だったのである。

「塾舎は瓦門に移る」と記されているから、太田道一宅を塾舎としたものの、何かと不便で、再び瓦門楼上の部屋を利用し始めたのだろう。この頃の小諸義塾は二十人余りの生徒しかいなかった。教室はどこでも間に合ったのだ。

三月十四日、小諸町議会で、義塾にとって画期的なことが決定された。補助金が出るようになったのである。それは、町会議員三名の建議書提出によって提案された。次のような建議書である。

先に当町青年等相計り、智徳を研《みが》き将来の志望を達せんが為めに、米国マスター・オブ・アーツ木村熊二氏を聘《へい》し、和漢英学の講究に従事しつつ、既に殆《ほと》んど二ヶ年の星霜を経たり。是《こ》れ当町未曽有《みぞう》の美挙の一にして、即《すなわ》ち未来多望の事業なるべしと信ず。然れども、器械書籍費及び雑費等も数多《あまた》要するを以て、若《も》し此《この》まま袖手《しゅうしゅ》〔何もせずに〕傍観せば、あはれ美挙も好果を結ぶに至らずして、空しく枯凋《こちょう》の惨を見るに至らざるを保せず。因《よっ》て議会は一年金一百円を支出し、基の経費を補助し、以て彼等の事業をして大成せしめんことを議決せんと欲し、茲《ここ》に之を建議す。

明治二十八年三月十一日

小諸町会議員　嶋田　常蔵

小山清太郎

平野五兵衛

小諸町会議長西岡信義殿

この建議案が朗読された後、建議者の一人が、さらなる説明を加える。

木村氏は、学識徳望において、今や全ての小諸町民から敬服されているが、このような知識も徳もある君子を町に迎えることができたのは、思いがけない幸運であった。その恩恵は、青年だけでなく、全町民に施されるものである。しかし、青年たちの木村氏への報酬は、実に微々たるもので、このまま放置すれば、義塾は維持できなくなり、木村氏も当町を去らなければならなくなってしまうだろう。木村氏がこの町にとどまることを切望して、本案を提出したのである――と。

このあと、質疑応答があり、出席者九人中、八人の賛成を得て、建議案は可決された。小諸義塾に公費が投入されたのである。熊二は、建議案や町会議員の提案説明の中で最大級の賛辞を与えられている。小諸の町の人たちにとって、熊二は輝かしい希望の星だったのだ。

なお、小諸町に「小山清太郎」という同姓同名者がいなければ、建議者三名中の小山清太郎は、義塾創立の立役者、小山太郎の父である。息子の活動を認め、背後から応援したのだ。

義塾への補助金百円は、現在の二百万円くらいの金額に相当する。細々と続けられてきた義塾経営は、これでいくらかは楽になったことだろう。

この補助金決定は、明治二十八年七月十日発行の『小諸郷友会報告』の「通信」欄で、次のように伝えられた。

●補助金一百円　青年の美挙をして大成せしめんとの意にて、小諸町会は、小諸義塾ヽ頭に金一百円を補助するの件、大井静吉氏一人の反対せしのみにして美事可決。青年献身的の事業世に出たり。青年子努めよ。小諸義塾万歳。

小諸の人々の喜びと高揚が伝わってくるような文章である。青年の心意気と義塾の存在は、この時、小諸町民の多くの誇りだったのだ。

小諸町議会が義塾への補助を決定したことは、私塾としての小諸義塾の性格を変えていった。三月十五日以降の木村熊二日記から、義塾に関する記事を抜き出してみると、その動きが手に取るように理解される。

十五日　金　晴　小諸町会議員は小諸義塾を補助せんことを決議せし由室賀氏申来る
十六日　土　曇　義塾楼上に在り　午後義塾発起人来りて商議す　夜十時帰宅
十七日　日　曇　木俣正彰森田忠諒氏を訪　義塾之件相談す
十九日　火　午前八時出宅　岩村田へ至り鳥居郡長松葉屋を訪　義塾移転之件を鳥居氏へ相談す　帰途小山太郎氏訪問　午後義塾へ出席授業如常　夜義塾へ出席雨雷寒威甚し
二十日　水　曇　訪鳥居義処氏　小林右三郎方義塾買収之件を相談
二十一日　木　晴　牧野寛十郎木俣正彰森田忠諒来訪　義塾維持之件を談す　同氏等と同行義塾へ出席　義塾明年より拡張之議定る

小諸町会の議決は、熊二の義塾への思いを膨らませた。彼は、義塾の建物を買い取ることを相談し、塾の拡張を決めたのである。学校らしい学校にしようということであろう。

そして、熊二と「義塾発起人」、すなわち創立委員たちとの談義によって、運営の主導権は、創立委員の小山太郎たちの手から離れたと思われる。町からの援助を受ける以上、小諸義塾は単なる私塾ではなくなり、公的な性格を帯びざるを得なくなったのだ。

太郎のほか、飯田万治、室賀鑑三等の創立委員たちも、小諸義塾の維持について、町会議員の島田常蔵を訪問し、相談している。

小山太郎日記の三月二十四日「理学博士鮫島晋《さめじましん》氏を上田町金井万兵衛方に訪問し小諸義塾に教鞭を取られたき旨契約す。」という記述は、熊二の意向を受けてのことだったのかもしれない。創立委員の青年たちも、義塾の拡張に対して、特に異存はなかったのだろう。

四月三十日には、熊二の義塾移転の方針が決まった。この日、小山太郎の祝宴が開かれ、もちろん熊二も出席である。

五月二十六日の日曜日、旧小諸藩士で北佐久郡長を務めた鳥居義処《よしずみ》が熊二宅を訪れ、子爵・牧野康強《やすたけ》を塾生として託したい旨を申し入れている。康強は、すでに熊二を師と仰いでいて、行動を共にすることも多かったが、町が義塾を援助し始めたことにより、正式な塾生として学ぶことを希望したのだろう。鳥居は、かつての主君の子である康強の後見人のような役割を担っていたのだろうか。

ところで、前述した熊二の三月十九日の日記に「夜義塾へ出席」とあるが、この頃の熊二は夜間にも義塾へ出向いている。当時の塾生は二十人余りで、その中には夜しか通学できない生徒もいたのだろう。たとえ一人か二人の塾生しかいないときでも、熊二は労をいとわず、いつでも義塾に赴いた。小諸義塾は、文字通りの「義塾」だったのだ。

義塾が大きな転機を迎えようとする中で、熊二の家庭内にもさまざまな波風が立っていく。明治二十八年七月六日、熊二に息子の祐吉からの手紙が届く。十日には、祐吉が、熊二の後をうけ明治女学校の校長になった巌本善治《いわもとよしはる》の手紙を携え、小諸にやって来た。熊二は、しばらくの間、祐吉を問責しないことにし、小諸に宿泊することを認めた。そして祐吉を自宅に置かず、耳取の小土肥信近宅の空き部屋を借りて、そこに住まわせることにした。

七月末、牧野家から義塾へ地所を貸したいという申し入れがあり、三百坪を借用することに決まった。だが、三日ほどして不都合が生じ、これは流れた。

八月十八日の日曜日、午後一時に光岳寺で集会。小諸の名士たちが参列した。小山久左衛門の代理として清左衛門、小山清右衛門、塩川堅三、島田常蔵、臼田彦二郎、小山五左衛門、大塚宗助、中山修三、荻原勘助、森田忠諒、伊藤音次、笠原国助等の面々である。そして、有志者の寄付金で小諸義塾の塾舎建築が決まった。

これで、義塾は間借りではなく、新築の校舎を持つことができる。熊二の喜びは、ひとしおだったに違いない。

八月二十六日、図書館をしばらく小土肥氏の家屋に移すことが決定された。熊二と義塾創立委員の山田環、西岡覚太郎三者の協議の結果であった。

二日後の二十八日には、熊二が創立委員の室賀鑑蔵に三十六円を渡し、義塾移転のことを依頼している。室賀は行動力があり、実際的なことでは頼りになったようだ。

この頃、熊二は懐古園でよく弓をひいていた。明治二十八年には三十回ほども通っている。弓術は江戸の武士のたしなみだったのだろう。立派な体格の熊二は強弓《ごうきゅう》をひいた。運動不足の解消、精神統一のために効果があったのか。


九月十六日、塾の始業。二十三日には、西岡覚太郎が熊二のところにやってきて、義塾創立委員たちによる発起人同盟解約の相談会を開くことを提案した。

二十四日、西岡たちが生徒たちを相手に義塾についての相談会を開いている。

二十五日、熊二は義塾に出た後、夕方に室賀鑑三の家を訪問し、晩餐の饗応を受けている。師の労をねぎらう心遣いなのだろう。その後、熊二はまた義塾へ赴いた。そして、二十六日、発起人の会合があり、同盟解約の件について話し合った。

二十七日、西岡が熊二に会い、年若い生徒たちの義塾への意見について報告している。三日前の集会での発言をまとめたものだろう。細やかな心配りである。それに対し、熊二は力を尽くすことを誓った。


ちょうどその頃、祐吉がモルヒネ注射をやめ、その後の経過をみることになった。義塾が新たに生まれ変わるという状況の中で、祐吉にも人生をやり直そうという思いが芽生えたのかもしれない。

十月五日、熊二は佐野義資〔木村日記では義質とも表記〕医師と相談し、祐吉を東京へ出すことを決めた。翌日の朝一番電車で祐吉は出京する。

佐野は、弘化三年（一八四六）生まれで、熊二より一つ年下。旧小諸藩の典医であり、キリスト教徒として熊二の片腕となって尽力した。小諸時代の熊二の、最も信頼すべき盟友であった。


第一章で述べたように、祐吉は、生母を亡くしていた。モルヒネ中毒になり、多くの人たちに迷惑をかけ、全国を放浪し、監獄にも入った。そして、どうしようもなくなって、父の熊二を頼って小諸にやって来た。が、父には若い美貌の妻がいて、しかも祐吉より一歳年下なのである。

祐吉の立場は、誰が考えても微妙なところにある。しかも、熊二が渡米したとき、祐吉は二歳十ヶ月の幼児であったから、父親の顔もよく覚えていなかったに違いない。十四歳になった祐吉の前に、突然、牧師の男が父親として現れた。十四歳といえば、いちばん難しい年頃の思春期である。そのときの祐吉の心中はどれほど複雑なものであったろう。結局、祐吉は母とともに洗礼を受けたのだが、彼はキリスト教をどのように受容していたのか。小諸を去る祐吉の思いを想像すると、何かつらいものがある。

十一月三日には義塾建築委員会が開かれ、同八日、義塾建築予定地へ標識を立てた。新校舎建築に向けた急ピッチの展開である。ところが、同二十四日の日曜日夕方、木村家に一大事が起こってしまった。熊二の妻・華《はな》の不貞である。

熊二はその日の日記に、はなはだ不快なことが家内に起こったが、明日諏訪に行くので、しばらく放っておく、と書いた。「終夜安眠を欠く」とも書いた。

諏訪方面への旅行中、熊二はフルベッキに会い、講義所で演説もし、五日を過ごした後、三十日に小諸へ帰った。熊二が家に戻ったとき、華は寝込んでいた。二日後の十二月二日、華は八時二十分の汽車で上京した。離縁である。

華は二十歳前という若さで四十二歳の熊二の妻となったが、夫婦生活は八年半ほどしか続かなかった。二人には子どももなかったし、華は体が弱かったという。

熊二は、十三日に土蔵を掃除して、余りの乱雑さに驚き、日記に「斯《かか》る愚婦へ一家事を任せ置きたるは我が罪と過失なることを悔ゆ」と書いている。しかし、翌年の一月七日、熊二は華に手紙をしたため、三円を贈った。十一日に、華から便りがあり、こうして二人の夫婦の縁は解かれたのである。

義塾卒業生の一人で、後に『小諸義塾と木村熊二先生』を編集した水彩画家の小山周次は、「木村熊二先生小伝」の中で、「美貌浮華の夫人華子が先生を見捨てゝ去った」と書いている。が、『明治女学校の研究』の著者である青山なを氏は、『島崎藤村事典』の「木村熊二」の項で、「周囲の人にきくと、悪評ばかりでもない」と記している。要は、どちらの立場に立つかであろう。

熊二と伊藤華の離婚における正式な手続きは十二月二十七日にとられている。その日の木村日記に「役場へ行き　花　本籍前山へ移す」とある。熊二は日記では「花」と書いていた。

この十二月二十七日の日記には「西岡覚太郎小山太郎来りて義塾之件を談す」とも書かれている。そして、翌二十八日「義塾発起人と親睦会を開く」ということになる。

この親睦会は、九月に発起人同盟解約について話し合われていたことを考えると、実質的な解散会だったのだろう。小山太郎を中心とした八人の義塾創立委員と熊二との蜜月時代は、明治二十七年、二十八年の二年間であった。

この間、創立委員の中で一番多く熊二を訪ねたのは室賀鑑蔵で、一年に三十回以上も熊二宅を訪問している。熊二の方も時々、鑑蔵宅に足を運んだ。鑑蔵の兄弟もよく熊二宅に通っているから、彼らは信仰を持っていたのかもしれない。

次に、小山太郎、山田環、西岡覚太郎が、熊二とよく会っていた。小山太郎の場合は、熊二の方から訪れることが多く、日記では「小山太郎氏」と書かれることもしばしばある。若くても、年長の熊二に一目置かせるような風格が、太郎にはあったのかもしれない。

熊二宅に年に数回顔を見せたのは小林市之助と飯田万治。そのほか、青木金蔵は一、二度。

与良守三郎は熊二が一度訪問したきり。距離を置いていたのだろうか。八人の創立委員と熊二との関わりには濃淡があったので、親睦会には全員が集まったわけではないだろう。青木は十三日に熊二宅に行き、義塾のことは委員に任せると告げているから、そこで義塾と手を切ったとも考えられる。

とにかく、十二月二十八日土曜日の親睦会をもって、八人の青年たちの小諸義塾は終わった。後に続くのは、熊二が中心となり、町が援助する新しい小諸義塾である。

なお、塾舎は、この年の十月頃から、図書館を間借りしていた小土肥信近宅に移っていたのではないかと思われる。八月末には、図書館が瓦門塾舎から小土肥家に移されていたし、小土肥宅の空き部屋に置いてもらっていた熊二の息子・祐吉も十月六日に出京。義塾の建築も八月には決まっていたから、臨時の塾舎として小土肥宅を使用することになったのだろう。その証拠に、熊二は十一月、十二月と、小土肥氏に二円の家賃を払っている。

また、明治二十九年三月三十一日発行の『小諸郷友会報告』第二十二号に、次のように記されている。

○小諸義塾の現況＝マスターオブアーツ木村熊二先生の設置に係る同塾は、現今、耳取町小土肥信近氏宅にて仮授業をなしつゝあり、日々通学の生徒は凡《およそ》二十人許《ばかり》にして、学科は普通学科を授くる予定なれ共、現在の所は専《もっぱ》ら英、漢、数等を教授し居りて、就中《なかんずく》英学生多数を占むるとの事なり。而して、氏が献身的熱心は、漸次《ぜんじ》当町人士に其利益と信用とを認めらる丶と同時に、義塾に於ても此際一層其規模を拡張し、且《かつ》有効ならしめんことを企画し、其《その》一着手として先頃より上田に滞在中なる理学士鮫島晋氏を聘《へい》し、数学科の担当を托し（当分一週一日出席）、漢籍は当小学校長根本静氏（中略）に嘱し、英語は従来の如く木村塾主之《こ》れが務に任じ孜々《しし》生徒を養成中なり。（後略）

以上述べてきたように、明治二十八年には、義塾ならびに熊二の周りにさまざまなことが起こった。義塾への町の補助の決定。息子・祐吉の小諸での滞在と再出京。義塾建築の決定。義塾創立委員会の解散。熊二の二番目の妻・華の出京と離縁。

こうして、小諸義塾は新しく生まれ変わり、一つの学校として形作られていく。翌二十九年にもいろいろなことがあるが、まず、一月から数学を教えに通った理学士・鮫島晋について語ろう。

不思議な助っ人　鮫島晋

小諸義塾の新しい数学教師・鮫島晋は、木村熊二より七歳下で、明治二十九年（一八九六）

のそのとき四十三歳であった。前年に、上田に居る鮫島のもとを、義塾創立委員の小山太郎が訪ね、義塾への協力を依頼したことは既に述べたが、熊二も、年が明けて一月十八日に上田の医師・遠藤鉄太郎を訪問し、そこで、私塾の成明学舎を開いていた鮫島と会い、義塾での授業を依頼している。そして、一月二十五日の土曜日、上田から信越線で小諸にやってきた鮫島は、初めての授業を試みることになった。数学と物理・化学である。

鮫島晋は、少数精鋭で知られた東京大学理学部仏《フランス》語物理学科出身の理学士だったが、人間的にも不思議な魅力のある人物だった。彼の生い立ちから、ここに至るまでの人生について駆け足で見ておくことにしよう。

鮫島は、嘉永五年（一八五二）、高田藩の武士の子として生まれた。現在の新潟県上越市の出身である。

明治政府は、欧米の学問をいち早く受け入れるために、明治三年（一八七〇）、全国の各藩から特別に秀《すぐ》れた若者を東京神田に集めて寄宿舎に入れ、英・独・仏の外国語を学ばせた。この藩推薦の制度により選ばれた生徒たちを貢進生と呼んだ。当時、最高のエリートたちである。

鮫島は、明治六年からフランス語で物理学を学びはじめ、東大の仏語物理学科を明治十二年に卒業している。二十七歳になっていた彼は、この年に結婚もした。

鮫島の出た仏語物理学科は、フランス語を学んだ者たちのために一時的に特別に設けられた学科だったから、フランス人のお雇い教授の代わりに、日本人教授が日本語で物理学を教えられるようになると、自然消滅してしまうことになる。

明治十一年から十三年までの卒業生は二十二人、二人は中退、一人は卒業直後に亡くなったので、仏語物理学科卒業生として仕事をしていった者は十九人しかいないが、鮫島は、その第二期生七人の一人だった。同期の最年長である。仏語物理学科の在籍者二十二人中、貢進生は九人だったから、その身分、年齢からいっても、鮫島は同窓生から重んじられたと思われる。

この仏語物理学科中退者二人を含む二十一人が、明治十四年（一八八一）九月、夜間の物理講習所を小学校の教室を借りて創設した。フランス語でしか学べなかった物理学を、日本語で一人でも多くの人たちに教えてみたい、という若者の気概から生まれた学校である。これが、現在の東京理科大学へと発展していくのである。こんな大学は、世界中でほかにないだろう。青年たちの夢が一つの大学を生み出したのだ。

日本で最初に理学士になった青年たちは、理学普及のために情熱を燃やした。昼間は、それぞれの仕事に励みながら、夜間は無給で物理学や数学を教えたのである。

小学校の教室を借用して始まった物理講習所だったが、明治十五年には、同志たちがポケットマネーを出し合って、神田に建坪三坪（約十平方メートル）の小さな校舎をつくった。しかし、それが二年後の台風によって倒壊してしまう。

それでも、青年たちの理学普及への強い思いはくじけなかった。また学校の教室を借りて、物理学校は続いていく。そして、明治二十一年、神田小川町の仏語学校の校舎を買い取り、再び自前の校舎を持つことができた。

この年には、東京職工学校（現東京工業大学）の予備校のような存在ともなって、学校運営はようやく安定していくが、それまでは経営の厳しい時期が続いていた。生徒が一人になってしまったときもあり、学校の存続が危ぶまれてもいたのだが、青年たちの高い志と情熱は、そうした危機を何度も乗り越えさせていった。


明治十八年（一八八五）には、校長に選出されていた寺尾寿《ひさし》の提案で、財務を安定させるため維持同盟を組織して、一人三十円を拠出することになった。この時代の三十円は現在の金額ではいくらになるのか。明治十八年は梅干入り握り飯二個に沢庵の駅弁が五銭、理髪料金が四銭。明治十九年の小学校教員の初任給が五円。明治二十年には、もりそばが一銭だから、三十円は百万円ほどになるだろう。大金である。

鮫島も「我々が独立独歩でここまで運営してきた物理学校だ。多少の資金の持ち出しは致し方あるまい。他人に資金援助を求めることだけはしたくない。維持同盟をつくる案に賛成だ」（『青年よ理学をめざせ』）という発言をして、同志たちの気持ちを一つにまとめた。

こうして、東京物理学校維持同盟が正式に結成された。創設同人は二十一人いたが、このとき中退者の二人と長崎県の中学校長となっていた一人は辞退し、すでに病没していた二人が抜けたので、維持同盟参加者は十六人だった。勿論、鮫島は、この十六人の同志の有力な一人だった。

この後、東京物理学校は全国で唯一の理科系専門学校として順調に発展し、学生も増えていった。そして又、卒業の難しい学校として有名になっていった。明治十九年の入学者は一〇六人で、そのうち卒業したものはたったの一人。卒業率は一%にも満たなかった。明治年間で入学者が最も多かった明治三十六年は、入学一二〇六人中、卒業生は三十三人で、卒業率は二・七%。最高の卒業率を示した明治四十三年でさえ十一・二%しかなかった。

身銭を切って学校運営にあたり、無給で教壇に立ち続けた同志たちの理学普及への思いは、学生たちに厳しい形となって表れた。入学は易しく、卒業が難しい東京物理学校は、日本では珍しい学校であった。

東京物理学校維持同盟の十六人は、理学士として、教育界、官界で活躍する。創立から十年後、明治二十四年（一八九一）の同志たちは、帝国大学の助教授や教授になった二人をはじめとして、旧制の高等学校や師範学校の教授や校長になったり、中央官庁での重要な仕事についたりしていた。だが、なぜか鮫島だけは、東京物理学校の専任教師だった。仲間たちがボランティアでする授業を、鮫島が自分の唯一の仕事にしていたのは、どういう訳があったのだろうか。このあたりから、彼の人生は謎めいてくる。

鮫島は、二十七歳で東大理学部を卒業した翌年の明治十三年（一八八〇）、文部省報告局翻訳課勤務となり、その翌年には東京女子師範学校教諭となっている。四年後の明治十八年に東京師範学校教諭となったが、その三年後の明治二十一年に非職ということになって、専任の東京物理学校教諭として働いていたのである。

鮫島は四年間、自分の創立した学校の教壇に立ち続けた。が、東京物理学校は教師を務める同志たちが原則無給でやっていた学校だったから、その間、彼の生活はどうなっていたのか。東大卒業と同時に結婚し、子どももいたのだ。

それとは別に、「非職」ということも気にかかる。辞職でもないし、免職でもないのだ。大辞泉によれば、「非職」とは「官吏が、地位はそのままで職務だけを免ぜられたこと。休職」とあるから、文部省からの基本給は出ていたのかもしれない。

鮫島自筆の履歴書には「明治廿四（二十四）年八月一日　十一年間綜勤続ニ付《つき》年俸月額五ヶ月半分下賜　文部省」と記されているので、文部省の官吏としての身分は維持されていたことになる。ちなみに彼の年俸は履歴書によれば、明治二十年に七百二十円だったから一ヶ月六十円で、下賜された五ヶ月半の金額は三百三十円。これが退職金のようなものだったのか。

鮫島晋
（小諸市立藤村記念館提供）

明治二十五年（一八九二）、鮫島は新潟県高田中学校へ赴任する。もう四十歳になっていた。不惑の歳になったという心境の変化が、郷里の高田へと赴かせたのであろう。帰りなん、いざ―である。

　鮫島の一年後輩で、維持同盟の仲間だった桐山篤三郎《とくさぶろう》は、仏語物理学科を卒業した後、四年の間、東大理学部助教授を務めると、郷里の長崎県に帰ってしまった。県下の中学生を育てることを志し、その任務に一生をささげたのである。長崎中学校教諭から校長となり、その後も猶興館《ゆうこうかん》や長崎海星中学の校長を歴任し、地方教育界に大きな貢献をした。

　こうした例を考えても、鮫島が中央の教育界で活躍する夢は捨て、故郷の若者の教育に打ち込もうと決意したとしても、何ら不思議なことではない。それに、彼の月給は八十円で、現在の百五十万円ほどになる、破格の高給であった。理学士という肩書きがものを言って、教員仲間の中でもずばぬけた高給取りだったのである。

　しかし、彼はこの学校も二年ほどで辞め、明治二十八年（一八九五）、上田に私塾を設立する。鮫島が上田にやって来た理由はよくわからないが、近くの松代に生まれた佐久間象山を意識していたのではないかと、「流離《さすら》いの鮫嶋先生」を書いた東京理科大学の沼隆三氏は述べている。

鮫島は、郷里の中学校教諭を最終として、官立の学校教育の世界とは完全に手を切ったのではないか。明治二十三年（一八九〇）の教育勅語発布の頃から、日本の学校教育は国家主義的傾向が強められていったが、鮫島はそうした統制的な教育には批判的だったのではないだろうか。

鮫島が仏語物理学科の同志たちと創りあげた東京物理学校。そこに、惜しみなくそそがれた彼らの情熱。何の打算もない、学問への夢と希望。そして、後進の者たちへの期待と慈愛の心は、彼の人生の中で欠かすことのできないものとなっていたのだろう。東京物理学校は、鮫島の一つの理想を具現したものであったと思われる。

鮫島は高田藩から推薦された、たった一人の貢進生だった。九十石取りの鮫島家は、士族の身分としては低い方だったが、その子息が貢進生になったのは、藩校で抜群の秀才として認められていたからであろう。

彼が藩校で学んでいたものは、江戸時代の正統的学問、すなわち朱子学を中心とした儒学だった。『論語』や『孟子』『詩経』『礼記』『春秋』などから読み取った儒教の理想、たとえば、自分の良心に忠実に生きよ、そして他者への深い思いやりを持てという忠恕《ちゅうじょ》の精神は、彼の人格のバックボーンとなっていたに違いない。「少壮より学び来りたる孔孟の道の深く余が脳底に沈潜して他はことごとく排除して入るをゆるさざりき」と言った木村熊二と同様だったのである。

そして、貢進生として新たに学習したフランス語を通して、鮫島は、儒学とはまた別の西洋の理想を受け止めたのではないだろうか。フランス語学習のテキストの中には、おそらく近代思想家の文章もあったに違いない。そこに息づいていた自由と平等の精神は、鮫島の心の中に、感激を伴って流れ入ったことだろう。

古い儒教の倫理とフランス近代の思想は、鮫島の心の中でうまく調和され、彼に一つの理想と指針を与えた。そして、それは、彼を真実の教育へと導いたのではなかろうか。

嘉永五年（一八五二）生まれの鮫島は、明治元年（一八六八）には十六歳になっていた。だから、薩摩・長州が中心の明治政府に対する批判的な眼も、彼には自然とそなわっていたように思われる。「非職」ということも、こうした諸々のこととかかわっているのではないだろうか。

明治時代、どのような人たちが、どういう理由で「非職」とされたのか。その例をいくつか挙げ、鮫島の「非職」の時代的背景を明らかにしてみたい。鮫島は、履歴書の中に「明治二十

一年七月三十一日　非職を命す　文部省」と堂々と記していて、隠したり悪びれたりする様子もないからである。

第一に挙げられるのは、東京大学教授・久米邦武《くにたけ》が、「神道は祭天の古俗」という論文を書いて、非職処分に付された明治二十五年（一八九二）の事例である。

久米は、佐賀藩出身の歴史学者で、明治四年、岩倉具視に従って欧米を視察し『米欧回覧実記』を著している。どちらかといえば、保守的な愛国者なのだが、彼が、日本の古代史に対し、独自な推察をもって、記紀の神話を合理的に解釈しようとした論文が、国体の尊厳を卑しめるものとして、きびしく批判され弾圧されたのである。久米は新聞に全文取り消しの広告を出したが、それも空しく、「非職」となってしまった。彼はその後、早稲田大学に移って、古代史などを講じた。

もう一つの例は、有名な内村鑑三・不敬事件にかかわる処分である。東京の第一高等中学校（一高）では、明治二十四年（一八九一）一月九日の始業式に伴って、前年に発布された教育勅語の奉読式が挙行された。そのとき、明治天皇の宸署《しんしょ》（サイン）に対して、一人一人お辞儀することになったが、嘱託教員だった内村鑑三は、ちょっと頭を下げただけで、深い礼をしなかった。キリスト教信仰によるものだが、これが大問題となったのである。

一高の過激な学生たちは、インフルエンザで高熱を発して寝ていた内村を訪ね、詰問し、玄関に石を投げたりした。教師たちも内村排斥の行動に出た。

校長は、天皇に対するお辞儀は礼拝ではなく、ただ尊敬の念を表すものであるとし、内村に改めて宸署へのお辞儀をするように求めた。内村はこれを受け入れたが、病臥中であったので、一月二十九日に、同じキリスト教信者の教授・木村駿吉に代行してもらった。

インフルエンザから肺炎になっていた内村が、ようやく病癒《い》えた時、彼が知ったのは、自らが辞職願いを出し、それが受理されていたことであった。内村の苦境を救おうとした木村駿吉も、二月二十三日に「非職」を命じられてしまった。この不当な処分に対しての木村の抗議も黙殺されたのである。

この二つの例の久米邦武も木村駿吉も、ともに反政府、反国家の行動をとったのではない。ただ、学問的真実を発表したり、人間的良心に従って行動したりしただけだが、そのときの政府の方針に、図らずも抵触してしまった為に「非職」とされたのである。鮫島晋の「非職」が、久米や木村の場合とどのように関連しているのか、それはわからない。が、三者の間に何の共通項もないとは言い切れないであろう。

東大理学部仏語物理学科を卒業した理学士・鮫島は、当時最高のエリートの一人である。だが彼は、理学士にふさわしい官立有名学校の教諭・教授として出世していく道ではなく、私塾の手づくりの教育の道を歩くことを、あえて選択したのではないか。東京物理学校の創立は、鮫島の心を強く魅了することだったのだ。

他人の眼にどのように映ろうと、鮫島は自分の人生を自らの意志と情熱を持って生き抜いていく。『論語』の冒頭の一節「人不知而不慍、不亦君子乎―人知らずして慍《いか》らず、亦《ま》た君子ならずや」（他人が認めないでも気にかけない。なんともおくゆかしい人柄ではないかね―貝塚茂樹訳）の道を黙って歩いたのだ。

馬場錬成氏の『青年よ理学をめざせ』という本の中に、鮫島が東京物理学校維持同盟結成の前、学校存続について話し合ったときのことばが記されている。

「確かにみなで不足した費用を負担するのはたいへんなことだ。しかし、官庁や他のものに費用で面倒を見てもらうと、かならずいろいろの干渉を受けることになる。あくまでも独立自尊を固持するためにも、不足費用は我々で負担して頑張っていきたい。」

このことばには、馬場氏の想像と推量がかなり含まれているだろう。しかし、このことばこそ、鮫島の私学教育への熱い思いをよく表している、と言っても間違いではあるまい。

小諸義塾に鮫島が教師としてやってきたのは、義塾にとって大きな力となった。強力な助っ人《と》が一人、加わったのである。

第三章 同志

蛇堀橋　鉛筆・明治36年

熊二の結婚と塾舎の落成

元旦の太陽が、輝きながら林の間を昇っていく。山村の新年もまた愛すべきものだ、木村熊二はそう思った。旅情、孤独、寂しさ。そんな感情が彼の心に広がっていった。

明治二十九年（一八九六）一月一日、熊二は、別所温泉藤屋で一人、新年を迎えていた。昨晩の宿屋は年越しの浴客で混雑し、夜遅くまで三味線と歌声が聞こえていたが、熊二はその音色に親しめず、やすらぎを覚えることはできなかった。

午後、熊二は散歩に出た。すると、偶然、知人の女性と出会う。

「田中参子に出会　宿を柏屋に転す　東儀隆子亦《また》在り」と、熊二は日記にしたためた。

「東儀隆子亦在り」―この記述は、何か不思議な響きを持っているが、文字通り、東儀隆《とうぎたか》がそこにいて、熊二を待っていたのである。これが、熊二と隆の運命的な出会いであった。

隆は、雅楽を代々伝える名家、東儀家の娘として生まれた。横浜のフェリス和英女学校を卒業し、英語ができ、活発で交際好きな女性だった。クリスチャンだった隆は、恩師のミス・デヨウが上田にある車坂教会の牧師として赴任したので、その助手として上田に来ていたのである。

隆に同行していた田中参《さん》もフェリス出で、隆の同級生だった。彼女も隆と一緒に上田に来てデヨウを助けていたらしい。

別所温泉は上田の西南にある温泉で、隆と参の二人は、年末年始の休暇を過ごすため、ここの旅館・柏屋に宿泊していたのだ。

熊二は上田によく出かけ、医師の遠藤鉄太郎を訪ねたりしていたから、デヨウとは当然旧知の仲だったと思われる。また、ひと月半ほど前、上田から参、デヨウの二人が小諸にやってきて、聖書研究会を二回開いていた。だから、熊二は参のこともよく知っていた。

隆にも、熊二は何度か会っていたに違いない。だが、熊二と隆が人として本当に知り合ったのは、この元日だった、と考えてよいのだろう。このときの熊二は、前妻・華を東京に送り出してからまだひと月しか経っていないのに、もう若い女性と運命的に出会ったのである。

この後、二人の仲は急速に縮まっていく。


翌二日、熊二は、参、隆の二人と一緒に、八角三重塔で有名な別所温泉の禅寺・安楽寺に行き、裏山への登攀《とうはん》を試みたりしている。雪もあって寒かったろうに、元気である。三日、三人は帰途につき、熊二は遠藤鉄太郎宅に宿泊し、翌日、デヨウに会っている。

十日、デヨウが参と共に、小諸に戻っていた熊二を訪問した。どんなことを話したのだろうか。十八日の土曜日、熊二は再び上田の遠藤を訪ね、一泊するが、そこへ参、隆が訪れている。二十四日、この二人から熊二に手紙が届く。何か贈り物をしたらしい。

そして、二十八日火曜日の木村日記である。

「朝十時半小諸出発　坂﨑へ至リ児玉八代氏を訪問　牧子同行して上田へ到る　此日東儀同行　児玉氏待遇甚至る　午後四時半小諸へ向け出発東儀同行　午後六時帰宅」

「牧子」とは、木村が世話している子爵・牧野康強《やすたけ》のこと。「坂﨑」という地名は、小諸近くにはないが、「坂城」なら上田の北西にある。他の日記には同じ女性を坂城に訪ねた記述があり、ここは誤記とみられる。熊二は坂城の児玉八代《やよ》氏を訪ねて歓待してもらったのだ。この児玉八代はクリスチャンで横浜の女学校で教師をしていたというから、隆や参のいたフェリス和英女学校で教えていたのかもしれない。熊二や隆たちを歓待したのもうなずける。

この日、参はいない。隆の単独行動である。しかも、小諸駅まで送っているのだから、熊二と隆の間には親密な空気が流れているといっても過言ではあるまい。

一月一日の出会いから、まだひと月ほどしか経っていないのに、二人の交際が急に進んだのはどうしてなのか。隆はデヨウの助手として、教会の仕事をしていたのだから、小諸にいる熊二のことはよく知っていて、立派な人物として尊敬していたのかもしれない。別所温泉で熊二と数日共に過ごしているうちに、隆はたちまち熊二に引き付けられ、熊二も隆に好意を持ったのだろうか。

熊二は、以前から知り合いの参に、どうして一人でいるのかと問われ、華とのことを、正直に話したとも考えられる。とすれば、参から話を聞いた隆は熊二に深く同情し、今までの尊敬が男女の愛情に変わった、ということになる。

同情から始まる恋愛は、よくあることだ。尊敬から恋慕へ。クリスチャン同士の信頼から年上の男への愛情へ。それには勿論、熊二の人間的魅力がなければならなかったが。また、隆のはつらつとした若い女性の美しさがあったからこそなのだが。とにかく、これ以降、参が上田から熊二宅をしばしば来訪する。一人のときも、デヨウと一緒のときも、隆を伴ってのときもあった。

木村熊二の日記で、田中参、ミス・デヨウ、東儀隆の行動を追っていくと、彼女たちの心中を推測できるような気がする。

参がまず一月三十一日に熊二宅を来訪。二月七日には、デヨウと参が。二月十四日には、また参が一人で。翌十五日は、参が隆と同行で。二月二十一日と二十八日には参とデヨウが同伴で。そして、三月十三日には、また参が隆を連れて訪ねてきた。翌十四日の土曜は、熊二の方から上田に赴き、デヨウ、参、隆の三人に会っている。

これで、もう明らかであろう。参とデヨウが熊二と会って話したのは、彼と隆の結婚についてなのである。

参は、やもめ暮らしになった熊二の生活も心配して、隆との結婚を勧める。隆はすばらしい女性で、しかも貴方のことを敬愛していると。デヨウも言う。隆は、できのよい生徒、助手であったし、この結婚は神のお導きであると。

華とのことで沈んでいた熊二の心は、一挙に明るく軽やかになる。それは、二月二十四日の日記「下婢《かひ》けん小山行　犬を携へ帰宅す」という記述によく表れている。おそらく、子犬をもらって、飼うことにしたのだろう。その行為は、熊二の弾む心と新しい人生への希望の一つの表現なのだ。

「小山行」とは、どこの小山だろうか。想像をたくましくすれば、八日前に義塾創立委員の小山太郎が熊二宅を訪ねているから、太郎の家に子犬をもらいにお手伝いさんを行かせたのか。太郎は、先生の心中を思いやって、犬でも飼ったら気も紛れるのではないかとやって来たのかもしれない。家の犬に小犬が生まれたので、先生、一匹もらってくれませんかと。

こうした思いやりに、熊二の心は癒やされていく。そして、三月十四日、熊二が上田に行って三人と会ったとき、彼は、隆との結婚を決めていた、と思われる。

それにしても、何という急激な縁談の進展なのか。熊二と隆の結びつきでは、おそらく隆の気持ちの方が強かった。熊二が、隆や参やデヨウたちに押されたのだ。二人の偶然の出会いから、ふた月ちょっとでまとまった縁談。それは、まさしく電撃的な恋だった。参が、キューピッドの役を演じたのである。
それから、デヨウが上京するときに駅で熊二が隆に会ったり、参が病気になったり、いろいろとあったが、五月四日には、隆、参、熊二の三人で、小諸の東にある布引山へハイキングに行く。そして、デヨウと参が熊二宅を訪問した五月二十九日、隆から熊二へ手紙が届く。二日後、熊二は参からバラの花を贈られている。こうして、六月一日、熊二はいつもより長い日記を書く。

「朝一番汽車に而《て》小諸を発し八代〔屋代〕へ旅行　此日は隆子生誕日なり　自己に最も神の恵を受けたる事を感したり　神は自己を憂鬱無聊より救ひ出し自己か行くへき途を指導したまふ事を覚たり　帰途上田遠藤氏を訪《おとな》ふ　田中参子病あり中心憂々夕帰」

この日、隆は満二十二歳の誕生日を迎えた。熊二の方は満五十一歳で、年齢差は二十九歳。前妻・華とは二十四歳の差だったから、新しく妻となる隆とは年齢差が五つも増えたことになる。これはまさしく「神の恵を受けたる事」と言うほかないことだ。しかも、隆との結婚は、熊二の後半生を豊かなものにしていくのである。
この後、熊二と隆は、そして周囲も、正式な結婚に向けて動き出す。六月九日、上田の医師・遠藤鉄太郎宅に宿泊していた熊二を、朝早く隆が訪ねてきた。「朝東儀姉来訪」と、日記に敬語を用いている熊二。その後、遠藤宅を辞し、何人かと面会して、今度は熊二の方から隆を訪問した。

「愛姉を訪ふ」と、熊二は初めての言葉を日記に用いているが、「愛姉」という言葉は、このときの熊二の率直な気持ちの表現だったのだろう。二人は上田の駅まで同行し、別れる際の思いを「分袂《ぶんべい》万感不尽」と、熊二は日記にしたためた。

六月十三日に、隆からの手紙が熊二のもとに届く。これからの二人は、しきりに手紙のやり取り。まるで十代の恋人同士のようだ。

この頃、熊二はまた胃痛に悩まされていた。隆とのことや、義塾の建築のことが重なって、極度の緊張の中に置かれていたからだろう。七月二十九日、小諸の佐野義資医師に診てもらい少しよくなるが、心身の疲れがひどくて体調は戻らない、翌日、上田の遠藤医師の診察を受け、遠藤宅に一泊する。夜になって、熊二の体を心配してか、隆が遠藤宅にやってきた。

翌三十一日、小諸に帰る熊二に隆が付き添い、小諸に着くと、二人は懐古園を歩いて、様々なことを話し合っている。二人の将来のことだ。どんなことを話したのか、至福の時が流れたのだから熊二の心身を少しは癒したことだろう。

八月五日、隆が帰京した。いよいよ具体的な結婚の準備に入ったのである。八月十三日、熊二の兄・桜井熊一が山梨県知事となった。この日、熊二には隆からの手紙も届く。十六日には弟子になった子爵・牧野康強《やすたけ》から「安眠布」を寄贈されている。結婚の前祝いということなのだろう。

二十八日、隆からの手紙で、そちらに行くのが少し遅れると言ってきた。三十一日、隆と母親が小諸にようやく着く。そして、九月一日の火曜日、熊二と隆の結婚式である。仲人は、熊二と隆のことを全て承知している遠藤医師と関谷長枝夫人。このとき遠藤はまだ独身だったので、クリスチャン仲間の関谷夫人が妻役を買って出たのだろう。司会は、軽井沢からやってきたマクネール氏。式場は講義所で、披露宴は懐古園内の松月楼で開かれた。そこで、熊二の友人である上田の弁護士・立川雲平が祝辞を述べた。

この披露宴に田中参も出席したことだろう。そして、この後、参の方は遠藤鉄太郎と結婚し、遠藤参となった。

さて、木村熊二の結婚式当日、義塾の建築に携わった大工たちが、すべての仕事を終えて解散していった。義塾建築は熊二の縁談の進行とほとんど重なっていた。

縁談の方は一段落したので、次に義塾校舎の建設について見てみよう。

明治二十八年（一八九五）十一月八日、建築予定地に標識を立てたところまでは既に述べた

小諸義塾記念館。明治29年（1896）、義塾校舎として建築後、閉塾、移築、医院としての利用などを経て平成８年（1996）、懐古園三の門近くの現在地に移築復元された

が、明治二十九年に入って二月二日、小諸町会議員の島田常蔵が熊二と義塾建築について相談した。二十六日には、建築着手のため仮小屋をつくった。三月七日土曜の午前中、熊二は義塾の普請場を巡視している。

四月十日の小山太郎日記には「小諸義塾校舎建つ、四間六間の二階屋なり」とあるが、まだ落成はしていない。塾舎の外容がはっきりとしてきた、というところか。太郎は嬉しくて「建つ」と書いてしまったのだろう。

この後、熊二は何度も建築現場に足を運んでいる。六月五日、島田常蔵監督のもと、校舎への瓦あげが始まり、十一日に屋根瓦工事が終了した。建築はなかなか進まず、熊二は大工に指示を出したり、工事を早めるよう督促したり、一人奔走する。そして、八月三十日、ようやく落成する。約半年の工期だった。

この頃、熊二は自転車乗りにも挑んでいる。新しいことにチャレンジしていく熊二の本領発揮である。

明治三十年（一八九七）二月十一日発行の『小諸郷友会報告』第二十五号に、次のような通信が掲載された。

◎小諸義塾の新築落成＝塾頭木村熊二先生（米国マスターオヴアーツ）の熱心なる経営と当地資産家有志家の義挙とにより、予報の如く、去る九月中旬に至り工事竣工し、爾後《じご》公なる開塾式を挙行するに至らずと雖《いえど》も、目下此処にて授業をなしつゝあり。塾は西洋作り二階屋にて、応接所、自習室、談話室、図書閲覧室、教室、塾頭室等、適宜之を分画し、且《かつ》塾中の一部に図書館の設けありて、其の小建築物の割合には極めて便利に整頓せり。教授は従前の如く、木村塾頭専《もっぱ》ら其任に当り、英学科教授等に於ては、先生の夫人時に其の補助を為し、何《いず》れも献心的熱心に後進を啓誘せらるゝが故に、朝に夜に日一日と通学生の数を増し、殊に遠隔なる地方よりも又来り留まりて、其教を受くる者漸《ようや》く多かる模様なり。

この『小諸郷友会報告』第二十五号には、「小諸義塾　規則摘要」も載っている。少し長いが、貴重な資料なので引用しておきたい。

小諸義塾　　規則摘要

一、学業を予科と本科との二科に分つ

九月十六日より十二月二十日迄を前学期とし一月十日より四月三十日を後学期とす

一、日曜日大祭日及五月一日より九月十五日迄、十二月二日より翌一月十日を休業とし、其他臨時休は其都度掲示すべし

一、他の官立学校にて学びたるもの、本塾に入学することあらば、其既習の書籍を委《くわ》しく問ひ糾《ただ》し、其級を定む

○入退塾の規則

一、入塾するものは成るべく小諸町に住居し、本人の身上に事故あるとき毎に、幹事の掛合《かけあい》を受負ふべきものを證人となすべし

一、入塾の時束脩《そくしゅう》金〔入学金のこと〕五十銭を幹事に納むべし

但《ただ》し縦《たと》ひ直《すぐ》に退塾するも之を返さゝるものとす

一、入塾せんとする者は学業の履歴書を幹事へ出すべし

○月謝塾費並に月俸の規則

一、月謝は専修を三十銭、兼修を五十銭とす　毎月一日幹事へ前納すべし　都合により食品

（味噌及び穀物を限り）を以て代納することを得
但し英、数は各一科にして、和、漢は合して一科とす
一、月俸〔ここでは寄宿舎費用のこと〕は、物価の高低に従ひ、定りなし　大凡《おおよそ》二円五十銭乃至《ないし》三円を通例とす　但し月央より入塾するものは日割勘定を以てす
○塾中の規則
一、本塾の目的は青年互に奨励訓戒し、徳義を重し品行方正を旨とし、将来の志望を達するに在りとす
一、生徒は酒楼に登り、淫猥の挙動あるべからず
一、塾中にて飲酒等を許さず
一、金銭の貸借を禁ず
一、夜中音読を禁ず
一、午前六時午後十時を起臥の常刻とす
一、外人は塾中の私席に入るを禁ず
一、門の出入は、日出より夜十時を限る　度々門限に遅れ、或は外泊するものは、退塾せしむべし
一、畳を焼き、或は戸障子を破りたるものは、其償を払ふべし
自他の規則は生徒相互の規約による

○予科課程表
和　日本文典口授、国文軌範
漢　漢文入門、近古史談、日本政記、日本外史論文、十八史略、文章規範、課題作文
英　読本、文典口授、会話筆記、習字
数　算術全体
○本科課程表
和　詞のちまた、徒然草、竹取物語、太平記三鏡等及漢文和訳、課題作文
英　諸家文集、詩エッセイ史伝、作文書、英文和訳、和文英訳
数　代数幾何

塾頭米国マスターオブアーツ
木村熊二
北佐久郡小諸町耳取町
小諸義塾

「五月一日より九月十五日迄」の休みが長いのは、農繁期を考慮してのことだろう。校舎が成り、義塾の摘要もできて学校らしくなったが、この頃はまだ私塾の雰囲気が残っていて、先

生一人に生徒三、四人といった、こぢんまりとした授業風景だった。ただ、学習の進行はすこぶる早く、充実して面白いものであったらしい。

塾舎は、寄付金によって建てられたが、総額は八百円にも及んだという。材木屋の島田常蔵が九十円、呉服屋の掛川利兵衛七十五円、酒造の大塚宗助、製糸の小山久左衛門、砂糖商の小宮山権兵衛が各六十円という具合で、小諸の商人たちの気概によってできた校舎であった。最初の塾舎を提供した柳沢禎三も三十円、子爵・牧野康強《やすたけ》も二十五円の寄付金を出している。小諸町の人々は意気盛んだったのである。

なお、明治二十九年二月二十四日の町議会は、補助金を二百円に増額していた。町の有力者たちの賛助で校舎新築が決定した以上、町としても小諸義塾に期待せざるを得なかったのだろう。

義塾への補助金二百円は、臨時費から教育費として出されることに決まったが、本予算七千八百三円五十五銭六厘のうち、教育費は四千七百九十八円四十四銭で、実に六一・四九％を占めている。義塾への補助となった臨時費を含めても、五一・六八％で、教育費の予算に占める割合には、驚くべきものがある。当時の人たちが、いかに教育に期待し力を入れていたか、今から考えると何だか夢のようだ。

最後の小諸武士　井出静

明治三十年（一八九七）三月十二日の町議会において、小諸義塾補助金について議論があった。その中で、町会議員の荻原勘助は、小諸義塾の現状について次のような発言をしている。

目下義塾の生徒五十余人、内三分の二は他町村にして、他は当町の者なり。其成績に至っては、義塾生徒にして試験に応じ他の学校に入りしもの、海軍兵学校へ一人、陸軍士官学校へ一人、長野師範学校へ一人、済生学校へ一人、植林工業高校へ一人、総て五人を出したり。又該塾の収支に至っては、義塾補助金、月謝束脩収入高百九十七円七十銭、入費支払高百五十円〇四銭五厘、実に僅々《きんきん》の残金あるのみなり。故に教頭一人教員一人は無報酬、且《か》つ鮫島氏の如きは、当町の為に僅々六円の報酬を以て出張せらるゝ如き有様なり。此の如き事情なれば、本員は茲《ここ》に補助金の増額を建議せんと欲するも、如何せん本年の如き経費多端の折柄なれば、実に止むを得ざるなり。（『私立学校小諸義塾沿革誌』）

明治二十九年の補助金は二百円であった。依然として経営は苦しいものの、新校舎落成となって塾生は二倍ほどに増え、他町村からも生徒が集まるようになっている。

無報酬の教頭とは木村熊二、教員一人とは熊二の妻・隆《たか》のことだと思われる。熊二はミッション（伝導団）から報給を得ていたから、木村家の生活はそれで賄われていたのだろうが、塾は無報酬ということであれば、生活は決して楽ではなかったはずである。もっとも、そんなことを気にする熊二でもなかったが。

さて、小諸義塾の塾舎落成を伝えた明治三十年二月十一日発行『小諸郷友会報告』第二十五号の「会員動静」欄に、こんな記事が載っていた。

「井出静《しずか》君　病気の為め依頼現役（憲兵大尉）を免せられ、目下足柄町の自宅に在りて、静養の傍ら時に来耜《らいし》〔鋤のこと〕を取りて田園に逍遙せらる」

井出静は、塩川友衛著『小諸繁昌記』の中で、小諸出身の名士人物としてあげられる、町の有名人の一人であった。ペリーが浦賀にやって来た嘉永六年（一八五三）の生まれである。

明治三十年の十二月二十三日の町議会で、五十円の義塾追加補助が決まったが、緊急動議を出した荻原勘助は、次のように発言した。

小諸町は、義塾に実科中学程度の教育を期待しているが、木村熊二塾長の熱心な指導があっても、経費不足によって十分な成果があげられない状況である。鳥居義処《よしずみ》・北佐久郡長も小諸義塾の発展を望まれ、小学校教員も義塾を援助するといっているし、「井出静氏も亦《また》之を賛せらるゝ筈《はず》」であるから、来年一月より義塾の規模を拡張するにあたって、五十円の増加補助をし、本町における教育普及をはかりたい、と。

町会議員の提案の中に、有力な人物として井出静の名が挙げられているのだ。井出氏も賛同してくれるだろうから、補助金五十円を追加しようということは、井出が義塾と何らかの関わりを持っていた、と考えてもよいのかもしれない。

鮫島晋に次いで、この井出が、義塾の有力な助っ人《と》になっていくのである。

井出静は、明治二十八年（一八九五）十二月二十二日、中国の金州から帰国していた。旧小諸藩士であった井出は、明治四年より陸軍に入り、日清戦争に従軍していたが、戦争終了後、占領地総督部憲兵部副官を最後として、軍から離れた。帰国後、病気療養のため休職を願って帰郷し、そのまま小諸に在住した。二十九年十一月頃のことらしい。曲がったことが大嫌いで、自分にも他人にも厳しかった井出は、自分の考えが軍に入れられなかったため、軍籍を退くことにしたという。

井出が小諸に帰ったとき、まだ四十三歳だった。鮫島晋の一歳下、木村熊二より八歳下である。井出は軍人恩給もついて、生活に困ることはなかったのだろうか。彼は、郷里での静かな晴耕雨読の生活を、晩年というには少々早い年齢で選びとったのである。

そんな井出の耳に、私塾をやっている木村熊二のことが入ってくるようになって、彼は熊二の義塾精神に次第にひかれていったのだと思われる。骨のある最後の小諸武士として町の人たちから一目置かれていた井出は、義のあることや人物を知ると協力せざるを得ない精神の持ち主だったのだ。

二百年以上も戦争のなかった江戸時代にも、藩内の小さないさかい、お家騒動というものは常にあった。後継ぎをめぐって、藩内が二派に分かれて争う例が一番多かった。特に、幕末のような変革期には、藩内の勢力争いは様々な形で噴き出してくる。水戸藩の抗争は最も激甚で、血で血を洗うような惨劇を繰り返した。「天狗党の乱」などは、そうした争いの中から起こった。

幕末に水戸藩で結成された天狗党は、尊皇攘夷を強く主張して、藩内の保守派と対立、攘夷延期を不満として筑波山で挙兵し、保守派との激しい党争が続いた。京にいた一橋慶喜への心事訴えを目的として上洛の途中、金沢藩に降伏し、武田耕雲斎ら多くが斬罪となった。

一万五千石の小藩であった小諸藩も、その例にもれず、旧藩時代の有望な人物の多くは対立抗争の中で倒れ、明治まで生き残ったのは、ほんの少数しかいなかったのである。

小諸藩は、元禄十五年（一七〇二）に牧野康重が越後与板から移ってきてから、十代続いた牧野氏が領主として治めていた。佐久五十五ヶ村、小県《ちいさがた》十二ヶ村を所領とし、藩士三百人の小さな藩であったが、城もあった。

天保三年（一八三二）、九代目を継いだ康哉《やすとし》は、有能な藩主で、幕閣の若年寄となり、井伊大老の懐刀と呼ばれた。嘉永三年（一八五〇）には、天然痘（疱瘡《ほうそう》）の害を防ごうと、藩医三人を江戸に送って牛痘接種法を学ばせ、まず自分の娘二人に接種して領民を安心させ、天然痘の予防に成功した。明治四年（一八七一）までに二万四千人が接種したという。

康哉はいわゆる名君の一人だったのだが、文久元年（一八六一）、「公武合体」による和宮の中山道下向《げこう》があり、その行列の送迎で多額の負債を抱えることになってしまった。ちょうどその頃、康哉の継嗣問題が浮上する。温厚でおとなしい長男・康済《やすなり》には江戸から帰藩していた加藤六郎兵衛が付き、利発で活力のある弟の康保《やすもり》には国家老の牧野八郎右衛門が付いて、跡目をめぐって二派の確執が始まった。

結局、文久三年に長男の康済が家督を相続して一件落着となるのだが、両派の争闘は明治まで続くことになる。江戸の大火で小諸藩の上屋敷・下屋敷とも全焼し、藩財政が火の車となったことが藩内の混乱を一層深めた。

さらに、慶応二年（一八六六）の長州征伐で、小諸藩が大阪城警護を命じられたことによって、藩の紛糾は手のつけられない状態になってしまった。これを見かねた宗家の長岡藩主が、町奉行の河井継之助を小諸に送り、小諸騒動と呼ばれた紛争を調停し解決させた。

このとき、河井は幕府に近い小諸藩に尊皇主義を勧めたという。しかし、一応収まったかに見えた両派の対立は、この後も尾を引き、慶応四年の戊辰《ぼしん》戦争中に起った「赤報隊」の事件をめぐる対応にも影響を及ぼした。

「赤報隊」とは、相楽《さがら》総三が率いる官軍先鋒隊で、年貢半減の勅定書をもって信州に入ってきたのだが、後に偽官軍とされてしまった悲劇の一隊である。明治維新の動乱の中で、新政府にうまく利用され、政治的謀略の被害者になってしまったのだ。結局、相楽たちは処刑されてしまうのだが、この「赤報隊」については、長谷川伸が『相楽総三とその同志』という大著を書き残している。

こうした時代の転換期におこる様々な出来事に対して、藩論をまとめられない小諸藩は、適切な対応ができず動揺するだけだった。ほとんどが譜代であった信州諸藩が新政府側となって北越戦争への参加を表明しても、小諸藩は態度をはっきりさせることなく、混迷が続いた。

会津藩を中心に、東北諸藩が奥羽越列藩同盟をつくって新政府に抵抗した闘いを会津戦争というが、その中で越後での闘いを北越戦争と呼んでいる。本家の長岡藩がその北越戦争に巻きこまれて新政府軍と闘い、その逃亡者の保護をめぐって、加藤六郎兵衛と牧野八郎右衛門の両派の争いに再び火がつき、加藤一派は、対立する牧野ほか四人の要人を殺害した。

その後は、加藤六郎兵衛の独裁政治となったが、明治二年（一八六九）三月、脱藩した者た

前列左から鮫島晋、木村熊二、井出静（小諸市立藤村記念館提供）

ちが上京し、新政府の刑部省に加藤一派の悪業を訴えた。その年の九月、刑部省は裁断を下し、斬罪にされた牧野ら四人は冤罪を許され家門の復帰となり、藩主・牧野康済は謹慎、加藤六郎兵衛は永禁錮（無期拘束）となった。

　こうした騒動の連続で、小諸藩の有能な人物は新時代に生きのびることができなかった。小諸義塾の教師となった島崎藤村は、のちに小諸義塾を舞台にした小説『岩石の間』の中で、小諸の旧士族が嘆く場面を描き、「もう私は士族は駄目だという論だ。小諸ですこし骨ッ柱《ばし》のある奴は塾の正木ぐらいなものだ」と書いた。正木は元陸軍大尉で、井出がモデルである。小諸で少しは「骨っ柱のある奴」が井出ぐらいな者になってしまったのは、小諸の士族にとっては哀しい現実であった。

　井出は明治元年（一八六八）を十五歳で迎えたことになるが、彼は藩内の醜い争闘をどのように見ていたのだろうか。井出は、小諸藩の長い派閥争いや、西南の役、日清戦争という大戦での経験を胸にたたみこみ、義塾による故郷の青年の育成に、自分の余生を捧げようとしていたのだと思われる。ちなみに、木村熊二と子弟の交わりを結んだ子爵・牧野康強《やすたけ》は、江戸時代が続いていれば、第十一代目の小諸藩主となるべき青年であった。

明治三十一年（一八九八）五月に、熊二の書斎・水明楼が中棚《なかだな》に建てられた。「棚」という地名から連想できるように、千曲川に面した急な斜面が段状になった所で、ここから見おろす風景は美しい。水明楼は、藁葺《わらぶ》きの二階家で、二階には展望を楽しむためのバルコニーが取り付けられていたから、風光の美にひかれて東京からの来客も少なくなかったという。

この水明楼建設と同時に、熊二と井出の発起で中棚に鉱泉浴室を設けようということになり、その資金募集が計画された。趣意書は熊二が起草したが、それはこんなふうに書かれている。

小諸地方は「山水天然の美観」に恵まれているし、千曲川付近には、鉱泉が湧き出ている所が多いのに、それを放って置くのは惜しいと思うので、志を同じくする者が相談し、「この天然の美景と鉱泉とを利用し、一つの浴場を設け、衆人共楽の場処を開かんとす」るのである。外国人向けの旅行案内を見ると、「小諸は天然の小楽園なり。春秋の際、山水風景の美は見るべき価値あり」と書いてあるが、最後にはまた「適当なるホテルなく、旅客遊覧のために設けたる場所は一もあることなきは惜しむべし」とも記されている。我々は、今、諸君の協力によって、小諸町の繁栄のために、多くの人たちが利用できるものをつくろうというのである――と。「衆人共楽の場処」ということばには、熊二や井出の心意気が感じられる。

この鉱泉開発のことは、熊二の自慢の一つで、あとから義塾教師となった島崎藤村などにもよく話したらしい。その自慢話の中に、「井出が……井出が……」と井出の名がいつも出てきたという。まるで農民のような格好で、シャベルを担いでやってきて、鉱泉の水脈を掘り当てることに熱中した井出。熊二と井出が知り合って間もない頃のことで、二人の間には、信頼するに足る知己を得た喜びが躍動していたようだ。

熊二と井出は、学問・見識のある立派な武士である。そして二人とも、激動する時代の中で、人生の辛酸をなめてきた。そうした二人の中年男が、まるで子どものように、鉱泉という宝さがしに没頭したのである。汗をかき、眼を輝かせ、あれこれ語り合う二人の男。信州初夏の美しい自然の世界。涼やかな風は、二人の頬に心地よく吹きつけたことだろう。

こうして、井出は、熊二、鮫島に続く小諸義塾三人目のサムライとなり、熊二と二人で掘り当てた鉱泉は、中棚荘温泉として、百二十年後の今も健在である。

木村熊二が残したものは中棚鉱泉だけではない。小諸町近くの三岡村森山の桃栽培も、その一つである。

小諸義塾が出来て二年目の明治二十八年九月二十日、森山の塩川伊一郎が熊二宅を訪れた。このとき、熊二より一つ若い四十九歳の塩川は、頭はボサボサ、ヒゲもそらず、言語動作は粗野だったが、語るところは真面目で熱心だった。時代の推移とともに人情も変化し、富める者だけが勢力を持つようになってしまったことを嘆いたのである。

　塩川は、大工としても養蚕家としても失敗し、リンゴ栽培にも挑戦したが失敗し、多くの負債があった。けれども彼には失望もなく、落胆もなかった。土地も家屋も金も名誉も失ってしまったが、その境遇に安住し、果樹栽培の夢を追っていた。

　そんな塩川がある日、ホロ酔い気分でまた熊二宅を突然訪れ、果樹栽培が地方の人の副業として収益があることを説いた。リンゴで失敗した塩川が果樹栽培の夢を語るのを、熊二は妙な気持ちで聞いていた。そして最後に塩川が、貧しい人たちを救う方法はないかと尋ねたので、酒を禁じて二宮尊徳のように蓄えを増やせ、と熊二が答えると、塩川は大笑いし、少しばかりの金を残しても仕方がない、富豪となるには一攫《いっかく》千金の方法でなければだめだと言った。

　熊二は塩川の言うことにあきれた。が、森山に来て貧民救済の演説をしてくれという塩川の依頼を、熊二は受けた。明治二十九年二月二十九日の寒い土曜日のこと、義塾の建築が始まり、隆との縁談が急速に進んでいた頃だった。

　三日後の三月三日、熊二は風邪をひいて体調がすぐれなかったが、義塾創立委員の一人である小林市之助ら三人と一緒に、森山集落に向かう。森山の人たちのほとんどが集まっているところで、熊二は熱弁をふるった。

　この辺りの土地は火山灰ばかりなので、果樹には適しているが、他の農産物には向かない、と話しているうちに、熊二はふと水蜜桃のことを思い出した。そして、ここの土地は百合《ゆり》栽培

完成間もない水明楼（上）と中棚鉱泉の建物（中棚荘提供）

にもいいということで、まず桃を植え、三年間は百合作りをしたらどうかと説いた。塩川は拍手喝采した。演説が終わると、八人が残った。もちろん、塩川もその中の一人である。彼は、桃でなければ今後の成功はないと、他の人々を励まし説得した。

その結果、八人の同盟が結成され、一人十円ずつ出そうということになった。が、金のことを考え当惑する八人の様子を見て、熊二が「諸君の桃づくりのため、十円を奮発しようか」と問うと、いや金は何とかつくる、ということになり、八人はすぐ実行に取り掛かった。

この後、八人は多くの困難を乗り越え、桃づくりは成功した。そして、桃の缶詰、イチゴジャムと森山の事業は盛大になっていく。

熊二がアメリカで広く学んできた知識が、塩川の不屈の精神と情熱によって花開いた。これも又、熊二の残した果実の一つである。

第四章　変容

冬景色　　木炭・明治37年

義塾の改組

明治三十一年（一八九八）四月十三日、小諸町議会は「小諸義塾監督委員処務規定」を設けた。「第一条　小諸町は私立小諸義塾に対し補助金を下付するが故に監督委員を置き此規定の定むる処に依り之を監督せしむ。」に始まる七条の規程である。

それによれば、任期一年の監督委員三名が、毎月一回義塾を視察し、職員や生徒の数、授業の状況、経費の収支等を確認し、三ヶ月に一回、その報告をすることになっている。七月八日の町議会で報告があったが、「四月の実況」をみるだけでも、当時の義塾の様子がうかがえる。（『私立小諸義塾沿革誌』）

四月の実況
一　教員　　三名
一　生徒　　五十六名（退塾十四名　入塾三十名）
一　欠席生徒平均毎週　二名
塾有書籍器械
教科書　十冊　　机　二十脚　　腰掛　四十脚（以下略）

収入金額
一、金十八円五十銭　　生徒月謝
一、金十三円　　　　　生徒束脩〔入学金のこと〕
一、金五十円　　　　　補助金
　　計　金八十一円五十銭

支出金額
一、金五十四円五十銭　　　諸給謝儀
一、金二十四円五十七銭五厘　備付品
一、金二円二十七銭五厘　　　雑費
　　計　金八十一円三十五銭一厘
　過剰金　十四銭九厘

すぐ理解できるのは、町からの補助金が月額五十円となっていることである。明治二十八年に百円から始まった補助金は、この年、五十円×十二ヶ月＝六百円となり、追加補助を入れて計六百三十円が支払われていた。現在の一千万円を超える大金が、町から援助されたのである。その結果、前年の「教頭一人教員一人は無報酬、且つ鮫島氏の如きは当町の為に僅々《きんきん》六円の報酬を以て出張せらるゝ如き有様」は、大幅に改善されることになった。「諸給謝儀」として、五十四円五十銭が支出されているからである。

この「諸給謝儀」を受け取った教員三人のうち、二人が木村熊二と鮫島晋であるのは明らかだが、もう一人は誰か。熊二の新妻・隆《たか》が教員と数えられているのか、それとも新しい協力者・井出静なのか。十一月と十二月の報告には、「英学助手一名」とあるから、これが隆だと考えられるので、隆は教員ではないとしてよさそうである。残るは井出だけなのだが、その根拠となる資料がない。

「木村熊二日記」は、残念なことに、明治三十年二月から三十二年末までが欠けていて、詳細は不明なのだが、幸いにもその断片に明治三十一年九月と判定できるものがあり、そこに井出が五円ずつ二回に分けて受領していると記されている。鮫島は、同じく五円ずつ三回の受領である。

この九月の日記の記述から推量すれば、井出が四月から義塾の教師となっていたと考えることは可能だろう。九月分の日記だけで断定するのは少々無理があるのだが、ここではそのように判断しておきたい。五月の中棚鉱泉発掘は、熊二と井出の義塾における協力があってこそのものだったと思われるからである。

一ヶ月分の謝礼を井出が十円、鮫島が十五円受け取っていたとすれば、木村は「諸給謝儀」の残り、二十九円五十銭となる。これで充分とは言えないが、前年の鮫島六円、木村と隆が無給であったのに比べれば、数段のアップということになるだろう。なお、英学助手の隆は、十一月と十二月の「教員謝儀」から計算すると、三円五十銭ということになる。他の教員との比較からいって、適当なところなのだろう。

この年の七月には、平屋の塾舎が増築されている。長勝寺の土蔵を五十円で買い取り、改築したものだが、寄付金は三百五十円も集まったという。小諸義塾に寄せる町民の期待は、こうして次第に大きくなっていったのである。


明治三十二年（一八九九）二月七日、中学校令改正で、尋常中学校が中学校と改称され、同時に、実業学校令が公布された。翌八日には、高等女学校令が制定され、中等教育段階の整備が進んでいった。こうした教育界の動きに応じて、小諸町にも中学校設立の機運が高まっていく。

二月十九日の小諸町議会では、中学校令が先頃出たので、文部大臣の認可を得て町立中学校を設立したい、という建議が出された。それに対し、議長が、まず小諸義塾をしっかりとした私立とし、その次に中学校にしたい、と答える。と、別の議員から、小諸義塾のような寺子屋風のものでは充分な教育を望めないと思うので、今回の好機を失わず、其の筋へ請願の上、中学校建設としたい、という意見が提出された。

議長は、現在、小学校の建築も終わっていないのに、中学校設立は無理だろうと答弁。これに対して、さらに別の議員から、小諸義塾に六百円以上の補助をするより、中学校を設立した

義塾の国語と英語の教科書（小諸市立藤村記念館蔵）

方がよいのでは、という意見が出された。義塾監督委員が小諸義塾を中学校にしようという下準備をしている、といった声もあり、いろいろな議論が交わされたが、最後の方でこんな発言があった。

昨年、北佐久郡の郡議会で、本町義塾が、県知事の認可を得られたら百円の補助をすることが決定されている。そこで井出静氏の名義を以って設立願いを県知事に出しているが、いまだ認可となっていない。けれども、認可の上は、追って県立中学校の設立を知事に申請しようと、義塾の認可を待っているところである、と。

結局、この日の会議は、中学校設立の調査委員会を設けることで終わった。委員は、町会議員互選の四人と、小諸小学校長佐野盛門、義塾の熊二、井出の都合七人である。

そして、二月二十七日、小諸義塾に県知事の認可が下りた。「一、小諸町九百二十五番地に設置　二、塾主、井出静　三、塾長、木村熊二」というものだった。熊二は、小諸の人たちの信頼が厚い井出を、義塾の理事長格として前面に押し出したのだ。井出にも、それに応えようという意志があったのだろう。この頃の二人は名コンビであった。

この認可を受けて、義塾の学年制、カリキュラムがととのえられる。学年は三学年制となり、カリキュラムも、公立の中学校のように全学科に及んでいる。一週間の授業時数は一年、二年、三年とも同数で、倫理・三、国語・三、漢文・四、英語・六、歴史・二、地理・二、理科・三、数学・三、習字・一、図面・一、農学・二となっていた。

教員としては、井出静、木村熊二、鮫島晋、成瀬熊之進の四人があげられている。新たに加わった成瀬は、明治二十九年三月に長野県師範学校を卒業し、小諸小学校の先生となった青年である。彼がどういう役割で義塾に参加していたのか、よくわからないが、事務補助のような仕事についていたのかもしれない。

三月十二日の町議会で、七人の調査委員から中学校設立における経費及び設備費等についての報告がなされた。そして、種々の議論の結果、三人の中学校設備委員が決められた。

四月二十六日の町議会では、中学校設備委員から調査終了の報告があり、引き続き、町長から提出された決議案の採決に入った。

決　議　案

本年勅令第二十八号及省令第十四号に基き文部大臣の許可を得て本町に町立中学校を設置す

るものとす

明治三十二年四月二十一日提出

小諸町長　池野常道

採決の結果は、全員起立で満場一致の可決となった。このことによって、小諸義塾は大きな影響を受けることになる。町議会には、義塾を発展させて中学校にしたいという考えと、義塾とは別の中学校を設立しようという案と、二通りの考え方があったのだが、いずれにしろ小諸義塾はこの流れと無縁であることはできないからである。

思えば、義塾は随分と変わってきた。小山太郎以下、八人の創立委員が中心となった自学自習の学び舎《や》から、町の補助を受けた寺子屋風の木村塾へ、そして県知事の認可を得ての私立小諸義塾へと発展し、ついに町立の中学校とかかわらざるを得ないところに立たされた。

この年（明治三十二）には、町の補助は千三百円に達し、郡の補助二百円も受けるようになった。小諸義塾は私立でありながら、もう半分は公立の性格を帯びていた。町議会や町の人たちの思いや期待もある。そうしたものに応えながら、私立教育の独立と自由を守っていくのは難しいことである。その困難なやり繰りは、ひとえに、木村熊二と井出静の手腕にかかっていた。

若き詩人　小諸へ

明治三十二年（一八九九）四月二十六日の小諸町議会で、町立中学校の設置が決まったことによって、木村熊二は、小諸義塾の将来について真剣に考えざるを得なくなった。が、実は、前年から中学設立にかかわる様々な行動を、彼は起こしていたのである。

明治三十一年十月五日、熊二は雨の中を小諸町役場に出かけ、中学校の件を相談している。そしてこの頃、愛弟子の島崎藤村を使いに立て、義弟の田口卯吉に、学校長等についての文部省の意向を聞いている。

卯吉は手紙で、こんなふうに答えた。

過日、島崎氏が来訪されたとき、小諸義塾を中学校とするにあたり、校長の資格のことを問い合わせてくれとの伝言があったので、文部省に問い合わせたところ、私立中学校の校長には資格の必要はないとのことでした、と。

こうした熊二の動きをみてみると、彼は、中学校の設立には異議はなかったようである。少なくとも小諸義塾を私立中学校にしようという意志を持っていた。となれば、まず第一に考えなければならないのは教職員の充実である。その候補の最初にあげられたのは、熊二との関わりが深かった島崎藤村だった。

熊二、鮫島晋、井出静の三人は、江戸時代の末に生まれ、儒学を中心とした学問を修めた気高い武士の末裔で、青年を導くのにふさわしい優れた教師たちである。しかし、彼らはこのとき四十代五十代の中年、あるいは初老の男となっていて、もう若いとはいえなかった。大きく成長しようとする義塾にとって、二十七歳の若き詩人、『若菜集』の島崎藤村は、まさに新しい力となった。

藤村は小諸義塾との縁について、自らこう書いている。

「木曾福島の姉の家から東京の方へ帰って行く時のことでした。わたしはその途中で信州小諸に木村先生の住むことを思い出しました。木村先生はわたしの少年時代に、東京神田の共立学舎で語学を教わった旧《ふる》い教師でありますし、その後わたしが芝白金の明治学院へ通った頃にも先生は近くの高輪に住んでいたものですから、よくお訪ねしたことがありました。先生が信州の田舎に退かれてからはお目に掛る折もなかったので、久し振りで先生のお顔を見たいと思い、小諸の耳取というところにある先生の家を訪ねました。わたしが小諸の土を踏んで見たのも、それが最初の時でした。」(『力餅』第七章「浅間の麓」)

この文章の中には、藤村の作家としての潤色、あるいは思い違いがある。小諸の熊二のところへは三度訪れ、金を借りたり、蕪村全集を贈ったりしているし、懐古園の散歩もしているのである。

藤村は、この後の文章で自分の仙台での経験を語り、文学の仕事を続けるには勇気と忍耐が必要だったと続け、「どうかして、もっと自分を新しくしたい。そう思っているところへ小諸義塾の話がありまして、田舎教師として出掛けて来てはどうかとの木村先生の手紙をも受け取ったのです」と述べている。これが、藤村の小諸義塾教師へのきっかけとなったのだ。明治学院からの友人、関友三が小諸にいて、東京の藤村との間を取り持ったことも、藤村を小諸に呼ぶ力となった。

藤村には奈良中学からの招聘《しょうへい》もあったが、田舎でじっくりと勉強したいと思っていた彼は、「報酬もすくなく骨も折れる小諸の方の学校」を選んだのである。そして出掛けていった先での経験は、「新規、新規、見るもの聞くものわたしには新規なことばかり」だった。

「第一、自分のつとめに通う小諸義塾までが、まだようやく形の整いかけたばかりのような新規な学校でした。しかし、その義塾の二階の教室から、遠く蓼科《たでしな》の山つづきの見える窓のところへ行って、そこから信州南佐久の奥の方の高原地なぞを望む度に、わたしはようやくのことで静かに勉強の出来る田舎に、もう一度自分の身を置いたように思いました。」

こうして藤村は、鮫島、井出に続く義塾三番目の助っ人《と》となった。国語と英語の教師である。小諸での生活は、藤村を秀れた作家に育てたのだが、そのことを語る前に、ここに至るまでの彼の人生を振り返っておこう。藤村の前半生もまた数奇な運命の中にあったからである。

島崎藤村は、明治五年（一八七二）二月十七日、長野県木曽（現在は平成の合併により岐阜県中津川）の馬籠《まごめ》に生まれた。本名は春樹、父・正樹、母・ぬいの四男三女の末子である。次姉と妹は早世していた。島崎家は、木曽街道馬籠宿の本陣・問屋・庄屋を兼ねた旧家で、父親は島崎家の十七代目であった。

六歳で、地元の小学校に入学。学問好きの父からも『論語』の素読などの教えを受けた。明治十四年、九歳のとき、長兄に連れられて長姉そのの夫・高瀬薫方に預けられ、現在の銀座四丁目辺りにあった高瀬家から泰明小学校に通っている。二年後、高瀬家の知人で近くに住む吉村忠道の所に移った。当時、代言人（弁護士）をしていた吉村を、藤村は恩人として生涯敬愛した。この吉村の勧めで英語の学習も始めている。

明治十九年、泰明小学校を卒業。その後、吉村家にいた漢学者から『詩経』などを学び、また三田英学校や共立学校で英語の勉強を続けた。この頃、木村熊二からアーヴィングの短編小説『スケッチブック』を学んでいる。十一月には、父・正樹が郷里の家の座敷牢で病死する。

翌明治二十年九月、開校したばかりのミッションスクール、明治学院に入学し、キリスト教的な新しい世界に触れた。二十一年六月には、牧師の熊二に高輪台町教会で洗礼を受けている。このとき、藤村は十六歳だった。

藤村は、明治学院の同級の中で最も年少な者の一人だったが、学業はよくでき、初めの二年ほどクラスの首席を占めていた。教授たちは彼をかわいがり、若いアメリカ人教師などは藤村の顔を見ながら授業をしたり、ほとんどの質問を彼一人に集中したりすることもあった。

仲間からは「鋳掛屋《いかけ》の天秤棒《てんびんぼう》」という綽名《あだな》を付けられている。鋳掛屋とは鍋・釜などの修理人をいうが、この鋳掛屋の天秤棒は普通のものより長く、その端が荷より長く出るところから、出しゃばりな人をそう呼んだ。

そんな藤村が、十八歳を過ぎた頃から急に押し黙るようになり、勉強の方も自分の好きな学科だけを心に掛ける生徒になってしまった。一人図書館にこもって、シェイクスピア全集、ダンテの『神曲』、イギリス文人伝などを耽読し、松尾芭蕉、西行、近松門左衛門、井原西鶴などの書を繙《ひもと》いた。「彼の内部《なか》に萌《きざ》した若い生命《いのち》の芽は早筍《はやたけのこ》のように頭を持上げ」（『桜の実の熟する時』二）、人格が一変したのである。

明治二十四年六月、明治学院普通部本科を卒業し、吉村忠道が横浜伊勢佐木町に開いた雑貨店マカラズヤを手伝ったが、帳場の下で英文学史をこっそり読むような店員だった。商売は性に合わなかったのである。

文章の仕事で自分を生かそうと思った藤村は、『女学雑誌』に翻訳や小論を載せ始める。『女学雑誌』は、木村熊二から明治女学校の経営を引き継いだ巌本善治《いわもとよしはる》が中心となり、女性の地位向上を狙って出された啓蒙的な雑誌であった。藤村は明治二十五年二月号に載った北村透谷《とうこく》の「厭世詩家と女性」を読んで強い感動を覚え、透谷を訪ねている。

この年の九月下旬、長兄・秀雄が木曽の馬籠旧本陣の不動産を売却した。時代の急激な変化に耐え切れず、島崎家の没落が始まったのである。藤村は十月から、月給十円で明治女学校高等科の英語教師となった。

このとき藤村は二十歳だったが、高等科の生徒たちは、すべて二十一歳以上だった。妙齢で年上の女性たちを前にして授業をしなければならなかった藤村の心中は、穏やかではなかった。彼は、たちまちのうちに、そんな教え子の一人、佐藤輔子《すけこ》の大きな潤いのある眼に魅了されてしまう。そして、教え子に恋したことに悶々《もんもん》とし、自責の念を抱いたのである。

輔子は一歳年長で、父は旧南部藩士の佐藤昌蔵、衆議院議員となったクリスチャンであり、輔子もまた敬虔な信者だった。その上、輔子には、親の決めた許嫁《いいなずけ》がいた。そんな輔子を恋した藤村は、苦悩したあげく、翌年一月に学校を辞めてしまった。彼はその後、吉村家の人たちに黙って関西漂泊の旅に出発する。

輔子の方は、藤村が辞めるまで自分への執心について何も知らなかった。教師の一人が藤村の秘めた恋を輔子に伝えたことから、彼女の胸中にも恋が芽生え、煩悶が始まった。

藤村は神戸、高知、近江と放浪を重ね、ひとまず鎌倉に戻り、旅装を解いた。その頃、彼は輔子に手紙を書いて返事をもらい、友人たちの気遣いで輔子に会うこともあったらしい。が、二人の恋は進展しなかった。藤村は再び旅に出る。頭を剃《そ》り、僧形《そうぎょう》となって歩き出した彼は、神奈川県国府津《こうづ》近くの海に入水自殺をはかったがかなわず、国府津の長泉寺にいた透谷の家にたどり着いた。

十一月、吉村忠道の家に戻った。九ヶ月余りの流浪《るろう》の旅。このとき藤村は二十一歳。十二月に、母と長兄家族が上京し、下谷に住んだので、自分もそこに身を寄せた。

明治二十七年（一八九四）四月、輔子は高等科を卒業、しばらく学校に残って後輩を教えた。藤村も、この四月から再び明治女学校の英語教師となった。島崎家の経済的困窮のためである。しかし、再就職後の藤村の授業は精気がなかった。だから、後に新宿中村屋の相馬黒光《こっこう》として有名になった星良《りょう》などに、「石炭がら」という綽名を付けられた。恋の燃えながらだというのだ。しかも、同年五月十六日、畏友の北村透谷が自殺、五月末には、長兄・秀雄が水道鉄管事業にからむ事件に連座し、収監されてしまった。

輔子は九月頃、郷里の岩手・花巻に帰り、翌年五月に婚約者と結ばれ札幌に住んだ。彼女は「心は藤村に捧げ、肉体は許嫁に捧げる」といった心境にあったようである。そして、妊娠によるつわりがひどくなり、心臓を病んで、八月に亡くなった。藤村との恋が心理的に尾を引い

『若菜集』を発表した頃の藤村
（中津川市馬籠・藤村記念館提供）

ていたのかもしれない。

藤村というペンネームは、芭蕉の「くたびれて宿借るころや藤の花」と、輔子の姓の一字を重ねたと考えられている。それほど、佐藤輔子との恋は彼にとって重いものだったのだろう。だから、輔子の死は藤村には耐えがたいものだったに違いない。この深い哀しみに、懐かしい馬籠の生家が焼失するという悲報も重なって、彼は十二月に明治女学校を再び退いた。

翌明治二十九年二月、今度は明治女学校が氷雨の夜に焼けてしまう。三月一日、藤村は小諸にいた木村熊二を頼って行き、三泊した。金を借りなければならない事情があったらしいが、師の顔を見て、安堵したい心境だったのではないだろうか。

九月上旬、藤村は仙台の東北学院に作文教師として赴任したが、十月二十五日に母がコレラで死去したため、馬籠に帰省した。このときの費用十五円を熊二から借りているが、実はこの十五円、熊二が関友三（五太夫）から借りたもので、又貸しである。藤村も熊二も経済的な余裕など全くなかったのだろう。母の葬儀を終えて仙台に帰る途中、藤村は小諸の熊二宅に寄って一泊している。この日の木村日記に「関五太夫へ金拾五円返附」とあるから、このとき藤村は何とか返金できたのだと思われる。

仙台に行ってからの藤村は、人生漂泊の思いが深まったのか、詩歌が胸のうちからほとばしり出てくるようになった。それまでの苦くつらい人生経験が彼の心中で発酵し、芳醇《ほうじゅん》な酒となったのである。

まだあげ初《そ》めし前髪《まへがみ》の
林檎《りんご》のもとに見えしとき
前にさしたる花櫛《はなぐし》の
花ある君と思ひけり

で始まる「初恋」などの詩は、多くの若者の心を強く揺さぶった。

明治三十年六月末に東北学院の教師を辞任し、東京に戻った藤村は、こうした作品をまとめて同年八月に『若菜集』を出版した。すると、島崎藤村の名は、たちまちのうちに全国に知られるようになった。そして、明治三十一年の春には、東京音楽学校選科下級ピアノ科に入学する。音楽を通して詩の韻律について勉強しようと思ったのだろうが、これは長続きしなかった。

同年の七月には、姉の嫁ぎ先、木曽福島の高瀬家を訪ねてひと夏滞在し、『夏草』の詩編を書いている。九月下旬に帰京する際、また小諸の熊二の家に寄った。こうして、翌年の四月から、藤村は小諸義塾で国語と英語を教えることになったのである。

藤村は木曾の馬籠に生まれ育った、いわゆる山家育《やまが》ちだが、九歳の時、遊学のため東京に出たので、彼は十八年の歳月を経て、もう一度信州の風土に親しんだことになる。

小諸の地で藤村が目指したのは、情感をうたいあげる詩歌の世界から、対象を正確に鋭くとらえる散文の世界に飛び込んでいくことだった。だから、雲を観察し、風景や人々の生活を冷静に見ることを心がけて『千曲川のスケッチ』を書き、その延長線上に『旧主人』『藁草履《わらぞうり》』をはじめとする短編小説や、最初の長編小説『破戒』が生まれたのである。

そして、絵画表現を通してリアリズムを探求していた二人の水彩画家、三宅克己《こっき》、丸山晩霞《ばんか》と出会ったことも、藤村にとって貴重な財産となった。

第五章　教師群像

農家風景　　木炭・明治37年

二人の水彩画家

明治三十二年（一八九九）の三月、木村熊二が小諸の馬場裏に、島崎藤村の住む家を探していた。義塾で教えることになった藤村は、四月上旬に小諸にやって来たが、下旬にいったん上京し、明治女学校長・巌本善治《いわもとよしはる》の媒酌で、秦冬《はたふゆ》と結婚した。

五月には熊二の長男・祐吉が死去した。三十一歳の若さであった。結局、彼はモルヒネ中毒から回復することができなかったのだ。

優柔不断な祐吉にも、武士の血は流れていた。ある日ピストル強盗が入ったとき、自分もピストルを持って応戦し、傷を負いながら強盗を追い払った。そんな一面もあったのだが、彼の一生は時代の大きなうねりに飲み込まれたようで、哀れである。

七月から、大井小太郎が義塾の体操教師となった。大井の父親は、小諸の荒町に住む昔気質《かたぎ》の、チョン髷《まげ》を結い続けた頑固者の鍛冶屋で、農作業を志した藤村のために鍬を作ってやっている。

大井は高崎十五連隊にいた陸軍歩兵上等兵だったので、授業は軍隊式の教練や徒手体操が中心で、時に鉄棒の懸垂などもやっていた。黒々とした頬ひげを生やしていて、一見こわそうな顔付きだった。その上、軍隊式の授業をやるのだから、ずいぶん厳しい指導だったろうと思われそうだが、実はそうではなかった。その面貌とは逆に、大井は心やさしい人物で、鮫島晋の朝顔栽培の良い仲間でもあった。

寒風の吹くある日の午後、校庭で「廻《まわ》れ右、前へ」の練習をしていたとき、そこを通りかかった藤村が横合いから口を出した。「大井先生、今日は大分寒いじゃありませんか。風邪をひくといけません。もうお止めになったら何《ど》うです。」すると生徒一同、どっと哄笑《こうしょう》したという。こんな授業風景が見られたのだから、大井の指導は決してスパルタ式ではない。彼は、自分の軍隊経験を生かしていただけなのであろう。

同年の七月十三日、丸山晩霞《ばんか》が三宅克己《こっき》を連れて、義塾創立委員の小山太郎を小諸与良町の家に訪ねている。晩霞と克己の二人は明治を代表する水彩画家で、日本の近代水彩画を語るとき、欠かすことのできない美術家たちである。

前年の秋、米欧の旅から帰国した克己は、上野で開かれていた明治美術会の展覧会に行き、晩霞の水彩画を見て感銘を受け、晩霞と知り合いになっていた。そして早速、小諸の町の北西、晩霞の住む小県郡祢津《ねつ》（根津）村にやって来たのである。この時、小山太郎は、熊野小路にあった家を克己に一ヶ月一円五十銭の家賃で貸すことにした。

三日後、今度は太郎が克己を伴って藤村宅を訪問した。この詩人と画家の出会いは、それぞれに良い刺激を与え、二人の仕事を飛躍させる契機となる。ちなみに、克己は太郎の貸家が気に入らなかったのか、八日後には、袋町の木俣正彰宅に転居している。

さて、小諸での克己と晩霞の活動について述べる前に、この二人の半生について語っておこう。

三宅克己は明治七年(一八七四)一月八日、徳島に生まれた。父・盃衛《みつえい》は江戸留守居役の旧阿波藩士である。彼のあとに弟が三人でき、長男として育った。六歳のときに上京したので、克己には徳島での記憶はあまり残らなかったらしい。三宅一家の上京は、旧藩主・蜂須賀家の要請によるもので、父が養育係としての仕事に就くためだった。

明治十三年に上京した三宅一家は日本橋区浜町に住んだが、これが克己にとって大きな意味を持つことになった。近くに高橋由一の画塾・天絵学舎があったからで、生徒たちの週一回の制作画陳列が何よりの楽しみだったという。高橋は、「鮭」などの写実的な作品で有名な、日本の油絵画家の草分けである。

克己は、七歳で小学校に入学する前から、絵が格別に好きな子どもだった。学校で図画を学ぶようになると神童扱いされたらしい。余りの絵好きのせいか、一度落第させられている。明治の学校はドシドシ落第させたが、小学校での落第はほとんど聞いたことがない。克己は最初のうちは口惜しい思いをしたようだが、同じ学課を二度繰り返すので、やがて余裕ができ、また絵を描くことに熱中した。小学校を卒業すると明治学院に入り、藤村の三年後輩となった。明治二十一年のことである。

父・盃衛は大の福沢諭吉信奉者で、洋学を身につけ、新時代の知識人として活躍することを子どもたちに望んでいた。東京府立第一中学校で秀才たちと競い合う息子の姿を夢見ていた父は、近くの明治学院に通いたいという長男・克己の願いに困惑したのだが、第一中学を受験したものの受かりそうもないという訴えを聞き、明治学院への入学を不承不承許した。ところが後から第一中学合格の知らせが来て、父は悔やんだが、克己はこれで絵を描く時間もできたと喜んだ。

希望の明治学院に入ったものの、図画教師の上杉熊松に付いて絵ばかり描いていた克己は、学課の成績はいつもビリだった。ということで、周りの人たちの助言により、何とか絵画を学ぶことを許されたのである。

学業の方は遅れ気味となり、学校は欠席が続く。父はついに匙《さじ》を投げ、真剣に絵の修行をしてみろということになった。そこで克己は、十六歳で薩摩出身の洋画家・大野（曾山）幸彦の画塾に入る。が、厳格な指導法による模写ばかりやらされ閉口した。彼は、自然美を探求した風景画が描きたかったのだ。

明治二十四年（一八九一）、克己に大きな転機が訪れた。芝の慈恵病院でジョン・バーレイの展覧会を見て、水彩画に目覚めたのである。自伝『思い出づるまま』の中に、そのときの驚きを書いている。

「――東京芝三田、麻布の古川辺の景、ないし市川より千葉海岸等、いかにも日本特有の色彩が顕《あらわ》れていて、実際朝夕自分が往来して目に親しんでいるその場所が、あたかもカガミにでも映っているように鮮やかに写生されていたのだから驚かざるを得なかった。同様の油絵水彩画の展覧会ではあるが、かの明治美術会のそれ等と比較しては、一方は遠い距離より眺める人物の影のよう、バアレイ先生の作画は、何だか自分の足許の地面の物を見せつけられるようで、いずれの画にも活き活きとした血の動きがきらめくように思われたのであった。」

この展覧会の絵を見てから、克己はますます水彩の風景画にのめりこんでいく。自分の進む道が見えてきたのだ。ところが、画塾の大野先生が腸チフスで急死してしまう。そこで克己は、名作『靴屋の阿爺《おやじ》』などを描いた明治の代表的洋画家、原田直次郎の画塾・鐘美館に移ることにした。原田はドイツ留学以来、森鷗外と友人だったので、和服を着た鷗外が遊びに来ているところに克己は何度も出会った。鷗外は黙ってうす笑いしているチョビ髯《ひげ》の男だったという。

明治二十七年（一八九四）には、上野の美術学校でアルフレッド・パーソンズの水彩画を見た。パーソンズは、バーレイよりはるかに優れた著名な画家であり、この画家の作品が克己に与えた影響は計り知れないものがあった。とうとう彼は水彩画だけで立とうと決意するに到る。パーソンズもバーレイもイギリス人で、克己は水彩画の本場イギリス人の眼を通して自然を見る眼を開いていった。

この年に起こった日清戦争で、克己は中国大陸へ赴く。帰国後、次は朝鮮守備の応召で京城に行き、明治三十年五月に除隊となって、ようやく自由の身となることができた。このとき、父はすでに病没していて、いつの間にかクリスチャンになっていた母は、克己の弟たち三人を連れて北海道移住を決意し、克己には、米国でもどこでも好きな外国へ自由に行けと言った。

そこで、克己は、あらゆる金をかき集め、サンフランシスコ行きの船の切符を買い、描きためた日本各地の風景水彩画を抱えて渡米することになった。が、無謀に近い外遊なので、特別の親友だった大下藤次郎以外の誰にも話さなかった。大下は同じ原田直次郎門下で、やがて明治日本の代表的水彩画家として後の世代に多大な影響を及ぼすことになる。

六月、横浜から船に乗った克己は、サンフランシスコからニューヨークを経て、ニューヘブンのエール大学付属美術学校に通うことにした。レストランのアルバイトで生活費を稼ぎ、午前中はモデルを描いて、午後は郊外写生という毎日。豊かな名家の娘たちばかりの学校では研究の刺激もなく、克己は水彩画の本場イギリスへ渡ることを強く望むようになった。しかし、願いを実現させる術もなく、つらい生活が続いた。

そのうち、克己に幸運が訪れる。美術学校の教頭が、克己の持参した日本の風景画を認め、その紹介で同地の富豪にすべて売れ、大金が手に入ったのである。こうして、明治三十一年（一八九八）六月、克己は憧れのロンドンの地に立った。ロンドンでの生活は実に楽しかったようで、毎日美術館に通い、水彩画の名品に心躍らせた。夏にはパリに行き、そのときの驚きは彼を圧倒した。

「―その頃の自分が、ルウブル美術館を観たといっても小さな浅薄な眼識を透しての所感であるから、何等の権威のあろうはずはないが、これは日本の美術などと比較して到底御話にはならない程偉大で桁違いだと思った。思想を異にし、風俗人情が相違していることゆえ致し方ないが、結局この偉大な欧州美術の力強さの前に出ては、極東の日本美術は狭い小さい日本相応のものだけだなどと思って、実はがっかりしてしまった。沢庵にお茶漬けで発育を遂げて来た日本人我々の美術と、血のたれるビイフステッキと牛乳やバタで生きて来た人間の美術とは、到底問題になりようはずがないなどと、当時岡田〔三郎助〕君とも論じ合ったことだが、ともかくも到るところで見物する美術品の偉大な力に威圧されて、私は卑怯にも訳もなくすくみ返ってしまったのであった。」（『思い出づるまま』）

こうした文化ショックを感じながらも、パリ遊学を挟んだわずか二ヶ月ばかりのロンドン滞在は、克己に大きな収穫を与えた。しかし、その反動が、長崎に着いたときに彼を襲ってくる。「色彩というものが、一夜のうちに褪色《たいしょく》して、山も鳥も樹木も、みな真黒に変色した」ように感じられたのだ。けれども、克己が欧米で描いた水彩画は日本の画壇を大きく揺り動かし、コロンブスの帰国を思わせるような歓迎を受けたのだった。

ロンドンから帰国し、秋になった頃、北海道の母親から手紙が来て、克己に結婚を迫った。次男が職に就き、結婚したいと言っているので、長男の克己が先に嫁をもらえというのである。

克己は、訪ねてきた大下藤次郎にこの結婚問題を相談すると、大下はふと語調を改め、上野の明治美術会に出品されている丸山晩霞の水彩画を激賞した。二人はすぐに上野に向かった。

明治31年（1898）、ニューヘブン滞在中の三宅克己（『思い出づるまま』より）

晩霞の絵の前に立った克己は、その小品の一筆一筆に現れている自然に対する真剣な態度に全く感服してしまう。晩霞の絵には信州の空気が漂っていて、克己は浅間の山麓に引きずられていくような気持ちになったのだった。

克己はすぐさま晩霞と会い、新しい希望が湧いてくるのを覚えて嬉しくなった。そこで、先に述べたように、晩霞の郷里・祢津（根津）を訪れた克己は、そこの美しい自然に心うたれ、自分もこんな風景の中で研究を試みたいと思ったのである。しかし、その前に、母から迫られている結婚問題をなんとかしなければならなかった。

ついに、母が業を煮やして北海道から上京してきた。が、知人という知人の家を駆けまわっても、そう簡単に思うような嫁が見つかるわけもなかった。そのうち母親は、息子の友人である大下の下宿で見た、その家の美しい娘さんに惚れ込み、嫁にどうかと持ちかけてきた。克己も、母の言うとおりその娘さんなら申し分ないと思ったが、貧乏絵描きの嫁として果たしてどんなものかと危ぶんでいると、母が大下君にその娘の性質など聞いてみろと言うのである。

大下は、東京の宿屋などの手広い商いを営む家に生まれ、経済的に恵まれていた。父が亡くなったので家業を整理し、水彩画一本の生活に入ろうとしていたところで、婚約者もいた。

こうして、母子の密談の翌日、克己は思い切って大下に聞いてみることにした。望みの出てきた母は上機嫌だった。ところが、克己の話を聞いた大下はなかなか口を開かない。それもそのはずで、大下は婚約していた相手とは破約となり、その下宿の娘と一緒になることにした、とようやく言ったのである。克己は驚くばかりでなく、不快な情けなさを感じたが、そうこうするうちに、大下は克己に結婚の披露もなく、こっそりと式を終えて、新宅に二人で収まってしまった。

克己は、大下に捨てられた婚約者のことが気になりだした。そして、親友の婚約者として知っていたその娘の将来を考え、心配しているうちに、それならいっそ自分の嫁になってもらおうと思いつく。万事用意周到の大下が配偶者として考えた人なら、取柄《とりえ》があるに違いないからである。

克己はある日、つとめて冷静な気持ちになって大下にこのことを話すと、大下は、君がそう言ってくれるのは感謝したいが、相手に聞いてみなければ返答は難しい、また、その娘にはいろいろ事情があって養母と二人で自活しているので、充分な婚礼の支度はできないとのこと。克己の方も何もない貧乏画家なのだから、それで大いに結構となった。が、気がかりなのは、大下とその娘との関係だった。一切を大下から聞くと、話しにくそうな大下もかつての婚約者のために包み隠さず一部始終を話してくれた。淡泊な二人の関係だということで、克己も安心できた。

そのうちに大下から、相手方の結婚希望という快報が来た。「たとえいかなる不遇の逆境に陥るも、画家としての生活には、飽くまで共鳴して動かぬ決心」（『思い出づるまま』）ということで、克己を大いに頼もしい気持ちにさせた。北海道の母からも、結婚の成立を祝福する手紙が来た。

明治三十二年（一八九九）九月、克己は大下の媒酌で結婚した。親友のかつての婚約者と一緒になろうという克己も克己だが、その結婚式の仲人を平然とつとめる大下も大下である。二

明治32年、小諸に住んだ頃の三宅克己（『思い出づるまま』より）

人のこのこだわりのなさは一体どういうことだろうか。江戸文化のなごりなのか、あるいは江戸っ子の心意気なのか。とにかく、現代日本人の心理とは遠いところで二人が生きていたのは確かである。

さて、克己は、家庭を持ったら、晩霞のいる浅間山麓に行って自然の写生研究に没頭しようと決めていたので、結婚前から晩霞とも相談して住む場所を物色していた。最初のうちは、晩霞の郷里・祢津（根津）村とも思ったが、新妻は東京生活しか知らないので、小諸の袋町に居を構えることにした。偶然なことに、小諸には明治学院の先輩である島崎藤村と、既知の木村熊二がいた。

克己は、馬場裏の藤村宅をよく訪ねては話し込んだ。藤村から、イギリスの美術評論家で水彩画家でもあったラスキンの『モダン・ペインターズ』の講義も受けた。既に述べたように、小諸に移り住んだ藤村はこの頃、主情的な詩歌の世界に行き詰まりを感じて、写実的な散文に移ろうとしていた。だから、自然を正確にとらえようと考えていた克己とは話がよく合ったはずである。

克己・晩霞・藤村の出会いは、三人の芸術家にとって、それぞれに大きな意味を持ったことだろう。また、明治三十二年に三人が小諸に会したとき、共に新婚だったのも不思議な縁である。三月に晩霞、五月初めに藤村、九月に克己の順で結婚。奇しくも年齢順で、晩霞三十二歳、藤村二十七歳、克己二十五歳であった。

この年の十二月、克己は藤村に勧められ、義塾の教師となって週二回教えた。生徒たちに自分が静物画を描くところを見せるのが主な授業で、生徒たちが作品を出そうが出すまいが、お構いなしだったらしい。

正月を迎えた克己は、小諸の冬の寒気に心底驚いた。徳島で生まれ、東京で生活していたのだから、日中でも墨をすっている最中に硯の水が凍る寒さに堪えがたかったのは当然である。四月まで終日炬燵《こたつ》に入りっぱなしで、塾に教えに行く以外にこれといった仕事は全くできなかった。

ようやく春になると、秋までは信州の高原の風物が克己を魅了し、沢山の作品が出来上がった。稔《みの》り多い時期だったが、十月には兵隊の予備役の演習に三週間出なければならなくなり、義塾の体操教師・大井小太郎もかつていた高崎の連隊に入営した。

丁度その時、上野で白馬会の展覧が開かれていて、新聞紙上で絶賛されることが多く、会の中心メンバーとして作品を発表していた克己の噂は連日兵営内を賑わした。白馬会は明治二十九年（一八九六）に黒田清輝らによって創立され、外光派の明るい画風を伝えて洋画界の主流となっていたのである。

三宅克己を小諸へ引き寄せたことになる丸山晩霞は、本名を健作といい、慶応三年（一八六七）五月三日、祢津《ねっ》（根津）村に生まれた。養蚕、蚕種製造業を営む農家の次男である。祢津は幕府直轄の天領で、生家は庄屋をつとめていた旧家という。

健作少年は小さい頃から絵が好きだったらしい。小学校を終え、十七歳のときに上京。しばらくの間、勧画学舎という画塾に学んでいる。まもなく帰郷し、地元の小学校の代用教員をしていたようだ。

明治二十一年（一八八八）、二十一歳のとき再び上京し、本多錦吉郎《きんきちろう》が主宰する洋画塾の彰技堂で石膏の素描や静物写生などを学んだ。この頃は復古主義が唱えられ、洋画は圧迫されている状況にあったが、晩霞はその受難期の洋画界に生きていたのである。

二年後には祢津に帰るが、その年の第三回内国勧業博覧会に油彩画「彰義隊戦争」を出品した。この絵を今見ることはできないが、画題に木村熊二の人生にも影を落とした「彰義隊」を選んでいるのは意味深長である。

その後は家業の手伝いをしていたが、蚕種販売のため群馬県沼田に滞在中、利根川上流の河畔で写生していた吉田博と偶然出会い、その精緻な写実に晩霞は驚嘆し、思わず声をかけた。

吉田はこのとき、晩霞より九歳下の、十九歳の若者であった。

吉田は福岡生まれで、中学校の図画教師に画才を見込まれ養子となり、京都の画塾で学んでいたとき、京都に写生に来ていた二十歳の三宅克己と出会い、その水彩画に感嘆した。克己の勧めで上京、明治洋画界の指導者だった小山正太郎の画塾・不同舎に学んでいる。この不同舎風の精密な描写と、克己の影響が合体した吉田の水彩画は、晩霞を驚倒させ、晩霞の水彩画への情熱を呼び覚ましたのである。

意気投合した吉田と晩霞の二人は、翌年の夏、信州の各地を写生旅行した。吉田二十歳、晩霞二十九歳。年齢差をものともしない二人の交遊は、その言動が眼に浮かんでくるようで、やはり青年芸術家の友情はよいものである。

吉田博（左）と丸山晩霞。東京で明治31年以前に撮影（丸山晩霞記念館提供）

明治三十一年（一八九八）春、晩霞は、描きためた水彩画二十五点を明治美術会創立十周年記念展に出品する。そして、それを見た大下藤次郎の心を揺り動かし、大下の話を聞いた克己を感服させたのだから面白い。〈克己→吉田→晩霞→克己〉というように、影響と感動が循環しているのである。克己は結局、自分の作品に働きかけられていることになるのだが、こんな不可思議が芸術の世界ではしばしば起こるのかもしれない。
この展覧会のことを、晩霞は「水彩画の今昔」という文章の中で、こんなふうに振り返っている。

「…自分が上述の画を出陳したとき故大下藤次郎氏が明るい美《うる》わしい水彩画を沢山に出陳していた。この年三宅克己氏が第一回の洋行から帰朝したので、二氏を知ったのはこの時であった。この頃は自分も水彩画を専門的に研究しようと思っていたときであるから、二人の同士を得たのを大《おおい》に喜んだ。互いに研究しようという事を約して自分は又故郷に帰え《ママ》った。(中略)三宅氏は新しい印象的色彩の麗《うる》わしい画風を齎《もた》らし、又新しいという試み等をやるので吾々は又大いに動かされた。而《しこう》して又大いに迷い始めた、三宅氏が吾故郷なる信州に来て小諸に居を移して専ら研究されて居った。その頃は往復して負けぬ気で自分も大に研究した。氏から外国の事を聞くと渡欧熱が動いて、自分の迷いを晴らすは是非共外国に行かなくてはならぬという信を強うした、間もなく米国を経て欧州に遊ぶ事が出来た。」

こうして、晩霞は、明治三十三年(一八九〇)十一月、明治美術会の仲間である鹿子木《かのこぎ》孟郎《たけしろう》、河合新蔵、満谷国四郎《みつたにくにしろう》とともにアメリカに渡り、前年渡米していた吉田博や中川八郎と合流した。彼らは三宅克己が先鞭をつけた方法、自分の作品を売って旅を続けるという手段を踏襲した。

克己は明治美術会のパイオニアだった。彼は友人の許嫁だった娘を平気で自分の妻としたが、そうしたことにもよく表れている、ものにこだわらない、恐れを知らない生き様は、明治の青年芸術家たちに大きな勇気を与えたのだ。

明治34年（1901）４月、ロンドンで。左から河合新蔵、鹿子木孟郎、満谷国四郎、右端が丸山晩霞（丸山晩霞記念館提供）

アメリカでの晩霞たち六人は、ボストン、ワシントンで展覧会を開き、作品がよく売れて大金を手にし、欧州各地を巡った。明治三十四年十一月、イギリス、フランス、イタリアなどを歴遊した晩霞は単独で帰国する。その様子は藤村の『水彩画家』に描かれているが、晩霞の欧米遊学は大成功、まさしく洋行帰りの栄光に包まれた。花の写生画はアメリカで飛ぶように売れ、しかも値段は日本の何倍かであったから、祢津村の留守宅に送られてきた巨額の為替に、村の人々は驚き、歓喜し、村の健作さんは一躍金満家の有名人となった。

晩霞はその金で郷里にアトリエをつくり、洋行土産のオウムを飼った。そして翌十二月には、克己が二度目の欧州旅行に出発した。

新任教師　藤村の苦悩

三宅克己と丸山晩霞のことを語って時空が広がったので、時の流れを少し巻き戻し、小諸の明治三十二年（一八九九）七月頃に戻りたい。

克己、晩霞に島崎藤村。三人の芸術家たちが出会いの喜びに心躍らせていたその頃、新婚の藤村は、友人たちに明かせない苦悩を抱えていた。それは、新妻・冬《ふゆ》の手紙に記されていた、結婚前の彼女の恋愛を知ったことによる嫉妬であった。

冬は、一代で財を築き上げた函館の網問屋・秦《はた》慶治の三女で、父の自慢の賢い娘だった。藤村が教壇に立った明治女学校を卒業し、藤村より六歳年下である。

慶治は、新興商人の心意気と実際的な性質、正直な心を持っていた。彼には一男六女があったが、たった一人の息子であった長男が遊び人で意志薄弱とみれば、ただちに勘当してしまうような激しい気性、強い決断力があった。その父親も認める男が、冬にはいた。店の番頭で仕事もできる男だったから、ゆくゆくは養子にして冬と結婚させようと慶治は考えていたらしい。

冬は明治二十六年（一八九三）に明治女学校に入っている。再就職した藤村とは一年半ほど一緒だったことになるが、星良《りょう》〔後の新宿中村屋・相馬黒光〕に「石炭がら」という綽名を付けられていた頃の藤村なので、あまり強い印象は持たなかったようだ。星良は冬より一級上で、二人は同室仲間だった。先輩たちの話で、冬もまた、藤村と佐藤輔子の恋の噂を知っていた。

明治二十九年二月五日の午前二時半、明治女学校が炎上したとき、寮にいた冬と良の二人も、この火災を経験している。

それから二ヶ月半後の四月二十三日、冬は三年間在学した普通科の生徒として卒業した。函館に帰った冬を待っていたのは、番頭・末太郎との縁談だったが、冬は即答を避けた。敬愛する明治女学校の巌本善治《いわもとよしはる》校長が校舎を失い、夫人を亡くし、遺児を抱えて苦闘しているので、一年間、校長に協力したいと考えていたからである。この嘆願は認められ、冬は東京に戻った。

この年の十一月、明治女学校寄付金募集の水彩画展が開かれ、冬は尽力した。彼女は絵がうまかったから、やりがいのある仕事であったろう。巌本校長は寄付金募集のため全国遊説をし、明治三十年八月、北海道に行ったとき、函館では秦家を宿とした。慶治は五十円を寄付している。

この頃、慶治の店の番頭・末太郎は、冬のすぐ下の妹・滝《たき》と親密になっていて、秦家一同も承認するような間柄だったから、冬と末太郎の縁談は自然と立ち消えになっていたのだろう。巌本校長は、冬の相手に島崎藤村を推したらしい。同年に『若菜集』を出版した藤村はこの頃、既に有名な詩人だったので、将来有望な青年と言ってもよかったからだ。冬も藤村の詩に傾倒していた。

冬の結婚は、巌本校長と父・慶治との手紙のやりとりで進められていったようだ。が、問題は藤村が定職に就いていないことだった。実業の世界に生きる慶治にとっては当然の心配であったろう。

明治三十二年初春、秦家に藤村の小諸義塾赴任が伝えられると、縁談は一気に進む。小諸義塾の塾長が明治女学校の創立者・木村熊二であったことも、慶治を大いに安心させたに違いない。

こうして、冬は藤村のもとに嫁ぎ、挙式は五月三日、東京で執り行われた。二人は六日に上野を発ち、磯部温泉に一泊して小諸に到着した。冬が経験したことのない山国暮らしの始まりである。

二ヶ月ほど経った頃、冬の妹・滝が小諸に遊びに来た。滝も明治女学校に入学していて、二年生の夏休みを過ごすため、姉の家を訪れたのである。末っ子だった藤村は妻の妹が珍しく、読書の余暇に何かと相手になってもてなそうとした。

冬は、函館の母に手紙を出す際、滝にも一筆書かせて同封した。それは、「姉の勧めに従って、末太郎と結婚することを約束する。それを楽しみにして卒業の日を待つ」といった内容のものだった。

ある晩、トランプが始まった。藤村宅には、最初から義塾の学生が書生として同居していたが、その学生と藤村、冬、滝の四人でトランプ遊びを楽しんでいたとき、冬は途中で座から抜けた。頭が痛いし、身体もだるかったからである。そして函館の末太郎から届いていた手紙への返事を書き、裏に名前も記さずタンスの上に封筒を置いた。

翌日、冬は滝を連れて入浴に出かける。木村と井出の二人が発掘した、あの中棚の鉱泉である。そのとき、ふとタンスの上の手紙を見た藤村は、裏が白いままなのが不思議な感じがして、開けてみた。

こんなことが書かれていた。

この頃のご無沙汰も心よりする訳ではない、忙しく日を送っている、妹との結婚を承諾してくれて自分も嬉しい、といった内容だった。が、何よりも「恋しき末太郎さまへ、絶望の冬子より」という最後のことばが、藤村を打ちのめした。

藤村は、函館の末太郎から冬宛ての手紙がよく来ていることを知っていた。とすると、妻の私信をこっそり読むという彼の行動は、日頃からの妻への猜疑心《さいぎ》がとらせたものだということになる

藤村は子どものときから他人の世話になり、思春期には父が実家の座敷牢で病死。成人してからも兄の入獄、家の破産、信頼した友人・北村透谷の自死、佐藤輔子との恋、その死と、知らなくてもよいようなことばかりを経験してきた。一縷《いちる》の望みは、冬との新しい家庭にあった。その唯一の希《ねが》いが、妻の手紙で破られてしまった。彼には、もう頼りとするものがなくなったのである。

一方、冬はなぜこんな手紙を書いたのか。かつての恋人・末太郎は、今自分がトランプをしていた妹の滝と結婚することになっているのに、わざわざ「恋しき末太郎さまへ」と記す冬の気持ちは、どのようなものだったのか。

冬は、敬愛する巌本校長が勧める藤村との結婚に、大きな期待を持っていたに違いない。が、賑やかな漁師町函館や東京での生活に比べて、小諸での暮らしは淋しいものだったのだろう。そのうえ、夫の藤村は読書や研究に没頭し、冬の心の内まで配慮することがない。そうした心のむなしさが、かつての恋人と結婚することが決まった妹を新家庭に迎えたことで、つい甘えとなって表れてしまったのだと思われる。

二人の心の行き違いが生んだ小さな事件だったが、藤村にとっては大きな打撃だった。夜も眠られず、居ても立ってもいられなくなった彼は、妻との離縁を考えた。家を出た藤村の足は、木村熊二の家に向かった。

事情を話し、離縁することについて、先生がどう考えるかを藤村は尋ねた。すると熊二は、「そんなことは駄目です」と答え、自らの三回の結婚について語り、最初の結婚、そういう若いときの記憶は二度と得られない大切なものだと諭した。そして、ソクラテスの偉さは、箸にも棒にもかからないような愚妻を、一生ジッと辛抱したところにある、と言った。

熊二は、人生の先輩らしい態度をもって、弟子の軽率な行動を止《とど》めようとした。この二人の間柄は、男女間の複雑な問題を共有するほどの深い信頼に満ちていたのだ。しかし、藤村はそれで収まらずに、末太郎への手紙を書くことにした。

藤村は書く。自分が身を引き、媒酌の労をとって冬と君を結婚させたいが、のたれ死にしても帰るなといった冬の父親の気質を考えると、自分の苦心は水泡に帰して、かえって君の名を辱める不幸の結果となるかもしれない。ならば、三人の新しき交際を始めよう。君を我が家庭の友として、喜んで迎えたい、と。

藤村は、この手紙を妻の前で読み上げ、泣き伏す妻の姿にもかまわず、函館に向けて投函した。こんな手紙をもらったら、誰でも驚くだろう。現実から遊離した、いかにも詩人が書きそうな手紙である。しかし、便りを手にした末太郎は冷静に受け止めたようで、主人の秦慶治に手紙を見せた。

事の顚末を知った慶治は、娘の身を案じて函館から駆け付けて来た。仕事の事情で結婚式に出席できなかった老父は、娘夫婦の住む家の様子と二人の顔を見て、「先《ま》ずこれで安心しました」と言った。夫婦間のいざこざは、大事に至らず解決すると直感したのだろう。自分の腕一本だけで北の荒海を生き抜いてきた年老いた父の読みは、間違うことはなかった。


しかし、結婚前の妻の恋愛は、藤村の心に深い傷跡を残した。藤村が最初に書いた二つの小説、『旧主人』と『藁草履《わらぞうり》』は、妻となった女の不倫や性の問題がテーマとなっていて、彼の妻への不信やこだわりの深さをうかがわせる。

明治三十五年（一九〇二）に発表した『旧主人』は、明治二十八年に起こった木村熊二の二番目の妻・華《はな》の不倫事件が題材となっているが、藤村はこの小説に、自分自身が抱え込んでしまった問題を描いたのである。この作品について、熊二は何も口にしなかったようだが、熊二の三番目の妻・隆《たか》は、華のことをほのめかして、私たちの家のことを書いたのでしょうと、藤村を非難した。

しかし、それは当たっていない。良く読んで下されば、と答えたという藤村のことばは単なる言い訳ではない。この小説は藤村の心の葛藤から生まれた作品であり、主人公の銀行家の家庭に熊二と華の関係が投影されているのも、あくまでこの小説の表層のストーリーに過ぎない。

けれども、この最初の小説『旧主人』は、掲載誌『新小説』の発禁処分という思わぬ結果を引き起こした。山路愛山が、この作品を放置すべきではないと、内務省警保局に訴えたからである。

愛山は幕臣の子として江戸に生まれたが、維新の変革によって静岡に移住させられ、生活が窮迫し、辛酸をなめた。二十一歳のときキリスト教受洗。その後、ジャーナリスト、史論家として活躍した。明治三十二年、徳富蘇峰の推薦で『信濃毎日新聞』の主筆となり、『旧主人』が出たときには長野にいた。

愛山は熊二より二十一歳年下だが、キリスト者の先輩として熊二のことをよく知っていた。彼は、藤村が熊二の世話になっていながら、熊二の風貌やその家庭の不始末をモデルにして小説を書いたことに怒り、また、人妻の恋が公然と描かれていることに反対し、行動に出たのである。

後に丸山晩霞から批判されることになった藤村の小説『水彩画家』も、洋行帰りの画家として成功した晩霞の姿を借りながら、そこに描かれているのは、妻の手紙事件と、そのことでのたうちまわる藤村の苦悩である。

彼は妻の行動に、かつての思い人、佐藤輔子の姿を重ねて見ていたのかもしれない。そしてまた、両親の性的放縦に見られる暗い血の宿命を、この件を通して、自己の問題として意識せざるを得なかったのかもしれない。というのは、藤村の父・正樹は腹ちがいの妹・由伎《ゆき》と関係を持っていたし、藤村のすぐ上の兄・友弥は母の不倫によってできた子であった。こんな忌わしい両親の秘事を、このときの藤村は既に知っていた。

こうして妻の手紙事件は、島崎藤村という一人の表現者に、重く苦しい課題を強いたのである。

六人のサムライ

明治三十三年（一九〇〇）一月十二日、島崎藤村は、木村熊二の次男信児への船艦のオモチャを土産に、熊二宅を訪ねた。信児は、次男といっても、妻の隆《たか》にとっては最初の男児である。熊二と先妻の亡き鐙《とう》との間にできた祐吉が前年に死去していたので、信児はこのとき熊二の一人息子だった。藤村の方も五月初めには第一子が生まれる予定で、妻・冬との間に起こった波風は、なんとか収まっていたのである。

この年は義塾教師陣にはオメデタが続き、七月には鮫島晋に双子の女子が、十月には熊二の三男秀三が誕生している。このとき藤村や鮫島はお祝いに反物を贈った。

一月二十三日、小諸青年会の発会式に、熊二、藤村と井出静の三人が出席した。招待を受けたと思われるが、義塾教師陣の名は町の中で次第に重きを成すようになっていたのだろう。このとき、井出は若い人たちと長時間火花を散らして議論したというが、青年会自体は、発会式を開いて規則だけはできたものの、皆くたびれ果てて、本格的な活動はしばらくなかったようである。

この頃、藤村は東京へ出たついでに、人の紹介で義塾の新しい教師を一人頼んできた。歴史・地理や英語を教えた渡辺寿《ひさし》である。渡辺は筑後（福岡県）柳河の生まれで、東京専門学校（現早稲田大学）を出たばかりの少壮学者だった。九州男児らしい元気のいい熱血漢で、クリスチャン、内村鑑三の弟子である。藤村もかつては熊二の手で受洗したキリスト教徒だったから、その縁で渡辺のことを知り、小諸に誘ったのだろうか。

義塾の熊二、鮫島、井出は、幕末に武士として生まれた硬骨漢である。図画教師になった三宅克己《こっき》も旧阿波藩士の子であった。藤村は武士ではなく、本陣・庄屋をしていた旧家の出だが、遠い祖先は三浦半島あたりに勢力のあった関東武士だったというから、その体には武士の血が流れているといってもよいだろう。渡辺も、旧柳河藩の武士の血をひいていると考えられる。

となると、熊二、鮫島、井出、藤村、克己、渡辺の六人の塾教師たちは、「七人の侍」ならぬ「六人のサムライ」と呼ぶべき頼もしい男たちなのである。人が人を呼ぶというが、信州の小さな町に、木村熊二を中心に錚々《そうそう》たる顔ぶれが並んで、何かが始まろうとしていた。

二月十四日に、義塾で渡辺と鮫島の歓迎会が開かれ、謡曲家も招かれた。夕方には、新酔月亭で宴会である。鮫島はこの年から、上田で開いていた私塾をたたんで、「私も小諸の土に成りに来ましたよ」と、小諸義塾の専任教師となったのである。

三月十七日の小諸町議会で、義塾補助費について議論があった。原案は前年同様の千三百円だったが、千五百円とする修正動議が提出されたのだ。小諸義塾は年々進歩し、学年も二学年制から三学年制となって学級が増え、教師も増員しなければならない。また、町立中学や郡立中学をめざすならば、学校の基礎をしっかりしたものにしておかなければならない、といった理由からである。

それに対し、井出塾主と交渉したところ、井出は寄付金を募集し、月謝も一円に上げれば足りると言っているので原案支持という意見。いや、本町の将来のため増額は適当といった修正案支持のやり取りがしばらくあって、一旦休憩の後、新たな修正動議が提出された。それは、義塾拡張のための千三百円は原案通りとし、五百円を増築準備金とするというもので、合計千八百円の補助金となったが、これが可決された。五年前の百円補助からみれば、たいへんな増額である。

さらに、北佐久郡議会からも三百円の補助が下りることになった。三月十七日の小山太郎日記に、「北佐久郡会は議員小山五左衛門、土屋省三等の奔走により小諸義塾に金三百円補助の件可決。郡補助の初め也」とある。ただ、「郡補助の初め也」というのは、太郎の思い違いである。郡からの補助は、二年前の明治三十一年（一八八八）が百円、三十二年が二百円、そしてこの年の三百円と、百円ずつ増やされてきている。とにかく町議会と郡会の補助は計二千百円となった。小諸義塾に寄せる人々の思いは、こうして大きく膨らんでいった。

五月十九日、義塾の撃剣部が中棚に大弓射的場を建設した。二十五日の金曜日には、生徒から塾長の熊二に、明日運動会を開きたいとの請求があった。それに対する学校側の姿勢は不明だが、おそらく熊二は許可したのだろう。私塾の自由な雰囲気は残っていたと思われる。

六月一日、新設なった中棚の弓場で、熊二、鮫島、井出、渡辺、藤村の五人が弓をひいている。この頃の義塾の教師たちは義塾を充実させようという熱意にあふれ、一つの家族のような温かい雰囲気に包まれていた。

九月二十九日から、義塾は一週間の休みに入った。農繁期の臨時休業であろうか。この休暇を利用して、藤村、渡辺、生徒の平野英一郎の三人で、小県《ちいさがた》の鹿教湯《かけゆ》から霊泉寺温泉へと一週間の湯治旅行をしている。徒歩での旅だった。教師と生徒の関係を越えた、十代から二十代の若者三人の交遊。秋の山間の道を楽し気に語らいながら歩く姿が目に浮かんでくる。藤村は足が弱かったようだから、休み休みの道中だったのだろうか。

この明治三十三年には平屋の塾舎が増築されている。二棟目の平屋で、二階建ての本館と合わせて三つの校舎となった。この年入学の林勇は、当時を次のように回想している。

「私〔筆者〕の入学したのは明治三十三年四月で、改組後の二年目であった。塾舎は本館の外に平屋一棟があり、その年の夏休み後、更に平屋建一棟に着手した時である。私達は古い平屋で一年を過し、二年に進級して新しい平屋に移った。その頃は図書館や撃剣部はなかったが、弁論部は残っていた。本館の階下に集って、上級生の奇声を張りあげて威勢のいい演説を聞いたことを覚えている。平野英一郎、小田中丈夫氏等上級生を知る機会は、この弁論部の時であった。」（『島崎藤村―追憶の小諸義塾―』）

ちなみに、この年の新入生は六十九人で、義塾の歴史の中で最多だった。新しい平屋の建築には増築準備金のうち三百五十円が使われ、寄付金も百五十円集まったという。

十月二十九日、徳富蘇峰の弟・徳富蘆花が藤村の家を訪問した。蘆花の眼には、藤村が「小作《こづく》りな、きりっとした人」と映った。そして、藤村は「佐久はパノラマを見るような景色で、ご覧になる処もありますまい。それに紅葉もまだ少し早いですね。尤《もっと》も青葉より若葉といったように、紅葉の浅いのもわるくないものですが」と、詩人らしい洗練された話し方でいった。冬が茶を持ってきて、盧花は、秀麗な詩人にふさわしい美しい夫人だと思った。翌朝、蘆花は熊二宅を訪れた。玄関に立つと、「浅黒い痩せた五十」前後の人が慌てて出てきて、「お、健次郎さん」と言った。熊二は徳富さんの来訪と言われて、兄の蘇峰が来たかと思い違ったのだ。健次郎が盧花の本名である。

盧花と連れの二人の客を前にして、熊二は江戸から東京にかけての様々な昔話をし、一篇の古い漢詩を書いて見せている。長押《なげし》には、先妻の鐙を描いた油絵が掛けられていた。

蘆花は自伝小説『富士』の中で熊二について触れている。「Kさん」が熊二で、「T女史」が鐙である。

「旧幕秀才子弟の一人として、明治の初年に早く洋行したKさんは、同窓縁者の多くが名を成した中に一人あまり振るわなかった。明治女学校の創立者として女丈夫の名があった夫人T女史にKさんは始終押され気味であった。Kさんは其学校も助け、また女学雑誌などにも書いて居た。」

蘆花の熊二を見る眼は、少し曇っていて、通俗に流れているきらいがある。また、盧花には功名にとらわれている節が見受けられる。熊二は薩長政府を徹底的に嫌っていたのだから、その政府の支配する明治の世において、立身出世や名誉を手にすることなど少しも気にかけていたはずがない。

熊二は八十三歳で亡くなるが、その十年ほど前に、死を予期して書いた履歴書のようなものを残している。自分を突き放し、「君《きみ》」として友人に語りかけるように、自分の人生を振り返っている。それは、こんなふうなものだ。

「君」には「官途に就く可《べ》き機会」はあった。在米中は領事館へ入れと誘われ、帰国後は外務省に奉職するように言われ、高等学校の教授になることも勧められ、義弟の田口卯吉などは政界で活躍させようと世話をしてくれたが、「君」は断固としてそれらの好意を辞した。なぜなら、「君」が常に口にする信条があったからだ。「吾《われ》は旧幕の遺臣であって明治の世には無用の者である。」「社会へ対する仕事は土台石の下にある石の様に人に知られない仕事をすれば其《それ》でよいのだ。」

この「土台石の下にある石」として生きることが、熊二の人生であり、彼はそうした人生を泰然と生きたのである。こうした熊二の生き方について、義塾の卒業生で水彩画家となった小山周次は「木村先生の小伝」の最後で、次のように書いている。

「先生の功績の特徴は表われた処《ところ》に存せずして寧《むし》ろ隠れた処に偉大なものの在ることである。基督《キリスト》教の伝道により又は青年子女の教育により幾多の人心に生きた『たましい』を吹き込んだことは無論その第一で、地方開発、産業奨励はその二に挙げられなければなるまい。要するに先生は創始の人である、開拓の人である。進取の人である、決して守成の人ではなかった。その明朗にして玲瓏《れいろう》たる談論風発は聴くものをして覚えず夢の国へ、大望の世界へと誘い込まずには措《お》かなかった。先生の真骨頂はいうまでもなく基督教により磨きをかけられた日本武士魂そのものであった。その彫刻美的に堂々たる雄偉な面貌と体格とはわが日本人中稀に見る傑作で正に偉人を表徴するに足ることは多くの人々の記憶に今なお印象深いものがあるであろう。」

また、熊二の後輩のクリスチャン内村鑑三は、「三たび信州に入るの記」の中で、次のように熊二を称えている。

「午後は木村熊二君と快談す。千曲川のほとりに建てられし君の小なる別荘に会し、信州の過去と未来とを談ず。君、有数の才と識とをもって、消ゆる名誉を都人士の中に求めず、つとに意を決してこの地に退き、伝道と青年薫陶とをもって職とす。小諸義塾はおもに君の熱禱《とう》によりて成りしもの、今や地方屈指の私立中学校なり。君の感化今や全郷に及び、農に工に商に、多少君のインフルエンスを受けざるはまれなり。余は君に会うて実に君の地位をうらやみたり。維新以来の君の経歴をもって、海外において受けられし君の教育をもって、君

三宅克己デザインの小諸義塾徽章
(小諸義塾記念館蔵)

は一身をこの一地方のためにささげて惜しまず。これキリストの愛心に満たされし人のみなし得るの事業なり。余は多くの若牧師、若伝道師、ことに洋行帰りの神学者が、君のこの行為にならわんことを願う者なり。神もし許したまわば、余自身もいつか君の例にならわんことを欲す。」

熊二と親しく接した小山周次や内村の熊二像は、盧花のよりも正確で美しい。敬愛の心を持つ者だけに、人はその魂のすべてを解き放つのであろう。美しさ、優しさ、弱さ、傷つきやすさ、素朴さ、力強さのすべてを。

第六章　暗雲

農夫　　木炭・明治37年

両雄の対立

明治三十三年（一九〇〇）の十一月、丸山晩霞が三宅克己の勧めで米国に旅立った。克己は、友人がいなくなった小諸が急に寂しく感じられ、去年の冬の寒さの辛い思い出も加わって、島崎藤村にも相談し、小諸を離れることを決意する。十二月二十一日、上京。藤村、木村熊二、井出静、鮫島晋、小山太郎、家主の木俣、それに新しく教師となった渡辺寿が加わって、克己を見送った。こうして、克己の一年余りの小諸生活は終わった。

翌明治三十四年四月から、土屋七郎が義塾の博物の先生となった。小諸近くの西原という村から出た人で、どんなときでも顔色の変わらない、静かな心の植物学者であった。学究の徒であったが、信州人らしく酒が強かった。明治四十二年（一九〇九）発表の藤村のエッセイ集『新片町より』に描かれた土屋の姿には、印象深いものがある。

「私は土屋君を浅間の麓に置いて考えることを楽《たのし》む。いかなる動揺の中に巻込まれても、君のごとくに平気で研究を続け得るという人は、恐らく稀であろう。私は君が植物に対する智識よりも、何よりも先ず君が静かな心を羨ましく思う。

寡欲《かよく》で、謙遜で、且《か》つ篤学な、人に知られようとも思わない土屋君のことを考える度に、私は仙台のジャッキ先生を聯想《れんそう》する。ジャッキ先生はもと仏蘭西《フランス》人で、天主教の伝道師として渡米された人だが私は先生に就いてすこしばかり語学を習ったのが縁で先生の人となりを知るようになった。丁度禅宗の坊さんにでもありそうな人で、黒い質素な法服を着て、極めて沈着《おちつい》た宗教的生活を送って居る。最早《もはや》三十年の余も仙台に居る。私が仙台に行った頃は、新教の方の人の鼻息が荒くて、同じ耶蘇《やそ》でも先生なぞは宗教家の仲間では無いかのように言われたものだが、左様《そう》いう人達が多く商売替などをするという時世になっても、未だ先生は心静かに自分の道を歩いて居る。私が土屋君を浅間の麓に置いて考えることを楽むと言ったのは、丁度ジャッキ先生を仙台において考えるのと同じだ。二人は年齢《とし》も違い、人種も違い、思想も違うが、静かな心を持って居るところだけは、似て居る。」（「浅間の麓」）

土屋先生のような人生はいい。誰とも争わず、自分の道を黙々と歩く、静かで心豊かな人生。藤村は、土屋先生の顔を見ると、学校中で誰に逢うよりも安心した、と書いている。写真で見ても、その風貌は、いかにも落ち着いた、しっかり者だという感じである。が、冷たい雰囲気はない。人間の血がかよっている顔である。そんな自足した穏やかな顔を毎日見て授業を受けていた生徒たちは、なんと幸福だったことか。

さて、明治三十四年（一九〇一）の長野県教育界には、新しい動きがあった。その五年前の長野高等女学校に続いて、松本高等女学校、上田高等女学校、下伊那高等女学校が、四月に次々と創設されたのである。それぞれ、現在の長野西、松本蟻ヶ崎、上田染谷丘、飯田風越の各高校の前身にあたる。こうした女子教育発展の気運の中で、小諸にも、他の町と競うように、女子学習舎が開校されることになった。週刊新聞『佐久新報』三月二十九日第一二五号は、次のように伝えている。

○女子学習舎　小諸町の有志者は女子教育の忽猪《ゆるがせ》にすべからざるを覚《さと》り小山久左衛門、小宮山権兵衛外数名の発起にて新に女子学習舎を設立し木村熊二、鮫島晋諸氏外に女教員二名を聘《へい》し大いに高等女子教育を奨励せんとす
同舎は来る四月十一日より開校　授業を開始する由　吾人は郡下女子教育の為め益々盛大ならん事を祈るものなり

これに続いて「女子学習舎規則」が掲載されている。それは、「第一　学習舎は高等女学校の学科を参酌して短期間に其学科を学習せしむるを以て目的とす」から始まり、第十一まであるものだが、要約すれば、こんなふうになる。

学習舎は二学年制で、試験は卒業試験を含めて二回、小学校高等科を卒業した者は無試験入

学ができ、授業料は年十二円、入学金は一円。また学科課程は、各学年とも、一週間で、修身二、家政学四、国語二、英学二、歴史二、地理二、数学四、習字二、裁縫五、その他に音楽・茶道・花道が随意となっている。が、実際の授業時数は、一、二年で異動があり、週三十時間あったようである。舎長は木村熊二、幹事は木村隆《たか》。教員に、木村隆と島崎冬、講師には鮫島晋、島崎春樹、渡辺寿とある。

明治三十二年に公布された高等女学校令にもとづく学校は、尋常小学校四年、高等小学校二年の上に設けられた五年制であったが、女子学習舎は二年制である。それは、高等小学校は四年まで認められていて、小諸ではこの学年制をとっていたので、実質的には二年でも充分と判断したからであろう。

藤村の妻・冬が教員になっているが、彼女は字がうまかったというから習字や裁縫を教えたのだろうか。冬も明治女学校を卒業していたので、私塾に近い学校で教える資格はあったのだ。しかし、冬には藤村との間に生まれた長女がいて、翌年三月には次女も生まれるから、短期間の勤務だったと思われる。

女子学習舎は認可された女学校ではなかったが、教授陣は一流であり、他の高等女学校にひけをとるようなものではなかった。むしろ誇れるものであったといっても過言ではない。

幹事は木村隆。ということは、女子学習舎が隆中心の学校として運営されていたことを表しているのだろう。高等女子教育は隆の夢でもあったと思われる。

熊二の三番目の若い妻・隆は、既に述べたように、ミッション系の女学校を出て、英語もできる活動的な女性であったから、子どもが生まれても家庭に収まってしまうことはなかった。義塾の英語助手をしたり、小諸小学校の臨時教員をしたりして働いていた。クリスチャンだった彼女は勤労の喜びを知っていたし、奉仕の精神も持っていた。信州にやって来たのも、恩師デヨウの布教を助けるためだった。そんな隆が、小諸に女子教育を広めていこうと考えても、何の不思議もない。その上、夫の熊二には明治女学校を始めた経験もあったのだから、隆が自宅で女子の教育を試みようとしたのは、自然の趨勢である。

このときの木村家は、佐藤知時の借家にいたようである。三月十日の日曜日に女子学習舎の委員や賛同者たちが集まって学習舎の将来について相談しているが、翌日の木村日記にこう記されている。

「十一日　月曜日　晴　義塾へ出席　佐藤知時氏を訪ひ家屋之件を談す　小宮山小山久氏を訪問　佐藤知時へ壱ヶ年金六拾円にて家屋借用之件申入る」

木村日記の中に、女子学習舎関係の記述が初めて現れるのは、二月十九日「小山久左衛門氏を訪ふ　同氏より依頼に付女子教育之件に付相談す」であるが、熊二は前年の十月に佐藤知時を訪ね、隆と次男信児の寄留届に調印し、十二月には一ヶ月分の家賃三円を渡しているので、熊二と隆の間では、製糸場の純水館経営者、小山久左衛門から依頼される前から、女子教育のことが話題になり、その準備がなされていたのかもしれない。

佐藤知時の借家は一時住んでいた所だが、そこから小土肥信近宅に移っていた熊二は、また旧宅に戻ったことになる。隆が二人の小児を育てながら、女子学習舎を開くのにちょうどよい広さがあったのだろうか。佐藤宅は耳取町にあり、義塾本館の二階から眺められるほどの近い距離だった。

小山久左衛門の長女・喜代野《きよの》が高等小学校を卒業する年頃になっていたので、この娘のために久左衛門は女子学習舎の創設を熊二に頼んだのだ。女子学習舎の開校を伝える『佐久新報』に名前があがっていた小宮山権兵衛にも、同じような年頃の娘がいたのだと思われる。

学習舎初年度の入学者は、小山喜代野、大塚ろく、井出ちよ、竹内まさじ、塩川まつ、塩川いそ以下の十六人だった。

この時代の小諸は、大和屋呉服店の掛川本家、浅間嶽醸造元の大塚本店、純水館経営の酢屋小山家で持っていたといわれているほど、この三家の力は強かった。分家を含んだ掛川、大塚、小山の勢力は、小諸の商業の中心となっていたのである。

明治二十九年の義塾本館建築のとき、最高の寄付者は、九十円を出した材木屋の島田常蔵だったが、七十五円が掛川利兵衛、六十円が小山久左衛門と大塚宗助だったことを考えても、彼ら三人は小諸で指折りの豪商であり、有力な資産家であったことが理解できる。

初年度入学者の大塚ろくは大塚宗助の、塩川まつといそは、塩川銀行をやっていた塩川幸太・賢三の、島田きよは島田常蔵の娘か、その縁戚の娘ではないか。井出ちよは、六十三銀行支配人の井出登一郎の娘か。ということは、女子学習舎の生徒たちは小諸の金持ち商人たちのお嬢さんだということになる。

そのうえ、開校一ヶ月半後の五月二十七日には、内村鑑三が女子学習舎で講話をしている。義塾ではキリスト教は説かないという約束があったはずなのに、学習舎を切り盛りする隆は、若く熱心な信者であったゆえに、女子生徒たちにキリスト教にかかわる話を聞かせたのだ。

内村鑑三は、日本の代表的なクリスチャンで、文筆家としても秀れた人物である。日本の近代史において欠かすことのできない知識人であり、多くの若者に影響を与えたことは言うまでもない。だが、十年前の第一高等中学校での不敬事件がまだ人々の記憶に残っていたとき、若い女子生徒に内村の話を聞かせたのは、熊二や隆の勇み足だったのではないか。こうしたことから、学習舎は耶蘇《ヤソ》の学校だと噂されるようになっていったのだろう。事実、小山久左衛門の娘・喜代野はクリスチャンになった。

また、内村の講話の四日後、学習舎の娘たちはテニスに興じた。この時代、テニスは特権的なスポーツだったから、この試みも小諸の人たちから良く思われなかったに違いない。

女子学習舎の第１回卒業写真。生徒とともに、教師と小諸町内の有力者たちの顔が並ぶ。前列左から３人目が木村熊二。中列左から３人目が丸山晩霞。右から５人目が木村隆。後列左端が島崎藤村、右端が小山久左衛門（小諸義塾記念館提供）

さらに、七月二十九日から八月五日までの田沢温泉における七泊八日の料理実習は、小諸の人々の耳目を驚かせたことだろう。旅館の厨房を借りての料理合宿。こんなことを大胆に実行できたのは、隆の持つ情熱と行動力があったからこそなのだが、小諸の人たちの質素な生活感覚とは合わないものがあったに違いない。派手なお嬢さん教育。それが女子学習舎に対する、町の人たちの評価だった。

義塾創立委員の小山太郎は、手記の中に「小諸義塾に女子学習舎を併置したるは金権者の女子教育のために特に設けたるものにして、クリスチャンの隆子女史の主催にて極めて派手の教育を欲したものである。之がため小諸義塾はキリスト学校であるとの印象を与へしは無理もないところ」と書いている。

草創期の義塾の精神は「自学自習」にあった。そこから見れば、女子学習舎の教育理念は随分遠いところにあった。女子学習舎への援助は、三十四年度は小山久左衛門が、三十五年度は大塚宗二が負担した。「金権者の女子教育」という小山太郎の批判には、一理あったようである。


小諸義塾の教員室から熊二の家を眺めて、井出静は「まあ私は何処《どこ》までも義塾を守り育てる」と口にすることがあったという。井出は、女子学習舎の併設には反対だったのだろう。だから、女子学習舎の教師陣にも加わっていないのだ。

義塾の教員室の火鉢を囲んで雑談しているとき、熊二が、義塾の生徒より女子学習舎の生徒の方が出来がよいなどと言うと、井出は何とも言えない顔をして額に手を当てたり、無理に笑ったりした。面白くなかったのである。

井出は負け惜しみの強い、自負の人だった。藤村が小説に、小諸の旧士族が「小諸ですこし骨っ柱《ばし》のある奴」は井出ぐらいなものと嘆く様を描いたように、誇り高い男だった。木村も深く信頼して、塾主としていたのである。その井出が、女子学習舎ができてから、熊二に対抗心を燃やした。

九月六日に懐古園に新しい弓場が出来て、塾の教師たちも揃って弓をひいたが、強弓をひく熊二以上の強弓をひいたのは井出だった。熊二の方も、人並すぐれた立派な体格の持ち主で、エネルギッシュな男だった。薩長政府に最後まで抵抗していたくらいだから、一旦こうと決めたことは曲げない性格だった。

この剛の者たち二人が、対立した。互いに相手を認め合い、信じ合った二人が、意見の相違から対立した。がっぷり四つの闘いだった。

かつて弓場があった懐古園の一角

が、弁舌にかけては、井出は熊二の敵ではなかった。熊二の話に身が入ってくるときは火花が散るようだった。しかも、剛健で男性的な体格から、何とも言えない優雅なものが流れるような話しぶりで、周りの者を魅了した。井出はそんなとき、嫉妬と恍惚の混じった眼で熊二を見つめるしかなかった。だから、二人の対立は、沈黙という形をとった。

二人は次第に教員室に顔を見せなくなり、自分の部屋に籠るようになっていった。井出はときに、教員室の火鉢の側に舶来の刻み煙草を巻きにいったが、それが済めば塾主室で手習いに没頭した。熊二は用事のあるときだけ顔を見せて、受け持ちの授業が終わると、女子学習舎のある自分の家か、中棚の別荘の方へ帰っていった。この二人の内に籠った沈黙は他の教員にも伝染して、重苦しい沈黙が支配するようになった。義塾の中にあった家族のような温もりは、こうして失われてしまったのである。

明治三十四年のこの年から、もう一つの対立が始まっている。小諸小学校長の佐藤寅太郎と木村熊二の対立である。

前小諸小学校長だった佐野盛門は、教育の充実という名目で、出身地の栃木県から自分の縁故者を迎えたが、この教員の言動に問題があり、それをめぐって教員間に内紛があったようである（並木張氏『島崎藤村と小諸義塾』）。その解決を図って、三月十八日、小諸小学校の異例な交替劇があった。岩村田小学校にいた佐藤が、小諸小学校刷新の名のもとに送りこまれたのである。

佐藤は、慶応二年（一八六六）に佐久郡長土呂《ながとろ》村（現佐久市）に生まれた。熊二より十九歳年下で、長野県尋常師範学校を卒業し、郷里のために尽力した教育者である。

佐藤は有能な校長だった。「町村教育の極致」を説いた『教育心教』を著したり、全校生徒の浅間登山を断行したりして、学校を一新させることに成功した。また、教育会の自主化を図り、補助金を断って会費によって基本金を積み立て、会員中から役員を選挙することにした。そして、自ら最初の北佐久教育会長に選ばれている。佐藤には行政家としての手腕があったのである。その後も、県の学務課長、衆議院議員、岩村田中学校長などを歴任、信濃教育会の会長に八度も選ばれ、教育互助会も設立した信濃教育界のドンだった。佐藤の信濃教育への貢献は大きなものがあったといってよいだろう。

佐藤の教育観・人生観をよく表している「天下一品論」という晩年の講演がある。そこで彼は、自分が師範を卒業して四年目で川西高等小学校の校長になったことを語り、そこの生徒二百五十人を引率して、群馬県へ泊まりがけの修学旅行をしたが、それが小学校の修学旅行の嚆矢《こうし》だったと話している。そして、次のように説くのである。

「…それから私は岩村田へ一旦帰って、小諸の学校へ行きました。その時に小諸小学校の講堂ができたのである。これが現在では驚く程のものではないが、其の当時信州で一等の広壮のものでありまして、みんな驚嘆の眼を瞠《みは》ったものである。そこで私は又一つの言葉を発明したわけである。それは天下一品という言葉であります。何でも天下一品、天下第一等を心の中で称《とな》えていたのであります。まことに傲慢のようでありますが、決して傲慢から出たことではなく、心掛けに於て他に後れを取らぬようにとの念願であって、それ位の意気でみんなにやって貰ったのであります。」

「それからもう一つ私の信念を申してみますと、『我は愚なる哉。』『私は馬鹿である。』という信条であります。馬鹿の所に、又よい所がある。世の人はみんな利口ばかりで、利口ぶって、うまい事を言う人が多い。或は学説を滔々と述べて高慢ぶっているとか、仲々この類の人が多い。特に教育界には多いようであります。ところが私にはうまい事を言う材料もなし、えらい人に吹聴してきかせる程の学殖もないから、黙って人の言うことを聴いているだけである。それだから反対することもないし、攻撃するというようなこともない。私が割合に仕事をしたのはそれがためである。」(『佐藤寅太郎選集』)

この後、佐藤は、学歴よりは常識の方が大切で、常識は「天地自然の道」につながるが、欲があると、このことがわからなくなると説く。そして、西郷隆盛がよく書いた「敬天愛人」と同じ意味の「順天応人」の四字を胸中において、天の道にしたがって事をなすようにしていると語る。こうした佐藤の考え方は、明治以来の教育界の流れに沿っているものであり、それが彼の世俗的成功を支えた。

佐藤と熊二は、ともに西洋かぶれを批判し、嫌悪していた。そして、この二人に共通のものとして儒学の素養がある。だから、彼らの思想は一部分重なっているのだが、日本の伝統や国体を守っていこうとする国家主義的な佐藤と、キリスト教を通して世界や日本を見ていた熊二との間には、一つのはっきりとした溝がある。

また、クリスチャンでよそ者の熊二が、信州で生まれ育った佐藤にとって、面白からぬ人物として映っていたとしても、それは仕方がないことだろう。同様に、長いアメリカ生活の経験のある熊二の眼に、佐藤が頑迷固陋《がんめいころう》の人に見えたとしても、それもまたやむを得ないことである。こうして、熊二と佐藤の二人は、同じ教育界に身を置きながら、次第に敵対するようになっていった。

二つの死

明治三十四年（一九〇一）十一月に米欧の旅から帰国した丸山晩霞は、翌年の一月から小諸義塾の図画教師となった。三宅克己が小諸の寒さに閉口して去って以来、丸一年が経っていたが、これで二代目の図画教師がようやく着任したことになる。

この明治三十五年の寒さは異常で、一月の平均気温は零下二・七度、最低気温は零下七・三度だったという。その厳しい寒さが一人の若者の命を奪った。義塾の生徒・大野伝吉が病死したのである。十六歳と十ヶ月の若さであった。

伝吉は、暮れに兄の仕立屋のところへ障子張りの手伝いに行って身体《からだ》が冷え、ゾクゾクするのに風呂に入ったのが良くなかったのか、それから発熱して床についた。熱で心臓がやられ、医者が心臓の水を抜くと、四合もあったという。四十日ほど病んで、一月二十九日に亡くなっ

義塾の生徒と教師陣。後列左から島崎藤村、土屋七郎、鮫島晋、木村熊二、渡辺寿（小諸市立藤村記念館提供）

た。

葬式は、伝吉の自宅でひっそりと行われると聞いて、義塾の教師たちが集まってきた。木村熊二、鮫島晋、渡辺寿、土屋七郎、島崎藤村、それに教師になったばかりの晩霞も、小県《ちいさがた》の方から汽車でやってきた。雨の中を、塾の教師たちは、生徒の死に心を痛めてやってきたのである。

このときの様子を藤村が『千曲川のスケッチ』や『岩石の間』で描写している。

小諸義塾の生徒数は多くない。入学者が一番多かった明治三十四年でも六十九名であったから、教師たちは、生徒の一人一人をよく知っていたに違いない。

土地から出た博物学教師・土屋七郎は、大野伝吉の小さい頃のことに詳しくて、十歳の頃から病弱な母親の世話をし、朝は自分で飯をたき、母親の髪まで結ってから小学校へ行っていたということを、同僚の教師たちに話した。

自分が病気になってからも、母親の見えるところに自分の布団を敷かせてあったという伝吉。この孝行息子は、キリスト教徒になっていた。葬礼では賛美歌が歌われ、聖書の一節が読まれた。熊二が、弔いのことばを述べる。「人誰《たれ》か死なからん、この兄弟のごとく惜《おし》まれんことを願え」という話があったとき、年老いた伝吉の母親は、聖書を手にして泣いた。

伝吉の父親のことが話題になっていないので、もう亡くなっていたのかもしれない。母と子の二人で生活していたのだろうか。伝吉は、士族の墓地に葬られたという。旧士族の子が、病身の母の世話をしながら健気に生きていたことを思うと、その死はあまりに痛ましい。

伝吉の葬儀に井出静は姿を見せなかったようだが、実は井出も体調を崩していた。三月十二日の木村日記に「井出氏病気にて多忙」とある。二十二日の日記には「試術料として金百円渡す」と書かれている。この時代の百円は大金で、現在の百万円以上の金になる。

井出は腹部に大きなできものができていて、それを自宅で手術した。親族の話では、癌だったのではないか、ということであった。井出はそのまま回復せず、三月二十七日に亡くなった。まだ四十九歳の若さであった。義塾の経営を背負っていた井出の死は、義塾全体に大きなダメージを与え、これ以降、町や郡との交渉がうまくいかなくなっていく。

井出は小諸出身だったから、役所などにも知人が多かったと思われる。金銭面だけでなく、小諸義塾と土地の人々とを繋ぐ重要な役割を担えるのは、井出のほかにはいなかった。熊二がどれほど秀れた人物であろうとも、鮫島が帝国大学出の立派な学士様であろうとも、また、藤村がいかに有名な詩人であったとしても、義塾の教師たちの中で、土地の人々から認められていたのは、井出ただ一人だといってもいいのだろう。木村も鮫島、藤村も、小諸の人々にとってはよそ者だった。土屋七郎は土地の出だが、まだ若くて、井出が受けていた信頼にはほど遠い。

小諸町の義塾に対する補助金が、明治三十四年の千八百円から、翌三十五年には千三百円に減額されたのも、井出静の病気やその逝去と無縁ではないだろう。

また、小諸義塾の存続それ自体が、人々の話題にのぼり始めていたのである。

義塾の創立者、小山太郎の明治三十五年二月十四日の日記に「町役場楼上に小諸義塾、実業補習学校合併問題に付き協議会あり」とある。二十九日には「町会に於て補習学校廃止の動議あり」と記されている。義塾に補助金を出していた町議会は、経営面に口を挟み始めたのである。

義塾でこうした事態の交渉にあたる適任者は、井出以外には誰もいなかった。井出が元気でいたら、町議会や町役場とうまく渡りを付けられたに違いない。

義塾は、井出静という大黒柱を失ってしまったのだ。

既に述べたように、小諸義塾の両雄として信頼し合っていた熊二と井出の二人が、対立するようになっていったのは、明治三十四年の四月に女子学習舎が併設されてからのことであった。亡くなる前あたりの井出は、懐古園の弓場で独り弓ばかりひくようになり、時には、午後から出勤する際に赤い顔をして出てくるようになっていた。誠実で真面目な井出にとって、熊二との心理的な沈黙の抗争は、それほど重苦しいものだったのである。

熊二も「井出さんは義塾を自分のものにする積《つも》りじゃないか」と疑ったこともあったが、いつまでも自分の感情にこだわるような小人物ではなかった。井出の死後、熊二は連日、井出家に出向き、遺族の世話をしたり、葬儀の準備にあたっていた。

漢文や習字を教えていた井出には、たくさんの漢籍の蔵書や、法帖《ほうじょう》のよいものがあった。法帖とは、書の手本となる古人の筆跡を拓本にして、折り本に仕立てたもののことである。

「なんにも子どもに遺して置く物もありませんから、せめて書籍《ほん》でも残そうと思いまして」(『岩石の間』)というのが井出の気持ちだった。しかし、四十三歳で夫に先立たれた井出の妻・廉は、残された二男一女の養育と教育のために、書籍などを競売にかけることにした。四月十七日にそれは行われたが、尽力したのは勿論、熊二である。その日、熊二は月給より多い七十九円を投じて、井出愛蔵の漢籍を購入した。

藤村も珍しい法帖を買った。そして彼は、この頃の義塾の雰囲気について「埋葬される正木先生〔井出静〕の遺骸を拝むにつけ子供衆に残して行った故人の書籍や法帖や刀剣の類なぞがせり売りに附せらるゝを見るにつけ、義塾に取っての大きな損失が皆の心に感じられて来たと思います」と『貧しい理学士』の中で書いている。

六月八日には、井出追悼の弓の会が開かれた。懐古園の弓場は、熊二と井出の二人で設けたものだったから、この日の熊二の心中は察するに余るものがある。

井出の妻・廉は、歌人としても知られていたが、小学校の子守学級を担任したりして、三人の遺児を立派に育てた。次男の節《みさお》は、父のあとを追って軍人となり、父より出世して大佐となった。が、昭和十八年（一九四三）に戦病死している。寺の過去帳には、「陸軍少将正五位勲三等功三級」と記されたという。

井出が担当していた習字は秋山碧城が引き受け、時々、書法の講話をした。第一回の講話は、追悼弓会の翌日に行われている。

漢文の方は山本清明が受け持った。山本は小諸藩の家老山本家の出身で、井出より一歳年長。明治十年（一八七七）に新潟師範学校に入るが、廃校となったので小諸に帰り、桃花村塾を開いて青少年の教育をした経験があった。井出の後任としては最適の人であったろう。（並木張氏『島崎藤村　春雨の旅』）

この年、明治三十五年（一九〇二）の四月から、義塾は、井出死去の衝撃を打ち払うかのように、体制を新たにした。学年を三年制から四年制とし、月謝も一円とすることになった。その概要は、「考課簿」という父母に向けた印刷物からうかがうことができる。全部で七ヶ条あるが、そのうちの二ヶ条を引用する。

一、学科程度を四学年に別ち、第一学年に入学せしむるは、現今は高等小学校卒業者に限れり。故を以て当塾第一学年の程度は略《ほ》ぼ他の中学の第三学年に等しく、当塾第四学年の程度は他の中学第五学年と等しくす。

一、授業料は成るべく一年四度に別ち、四月、七月、十月、三月の一日に前納すべし。但し毎月一日に納付する者は金一円五銭を納むべし。

当時の学校制度は、尋常小学校四年、高等小学校二年の上に五年制の中学校を置くのが一般的だった。小諸では高等小学校を四年制としていたので、その卒業者は中学二年終了と等しくなる。その後の中学三、四、五年の三年間の学習を、義塾では四年をかけて行おうという訳である。

月謝は、女子学習舎にならって一円としたが、明治三十年では、専修が三十銭、兼修が五十銭だったので、五年間で二倍になったことになる。なお、小諸義塾についての町議会の委員は、明治二十八年の審査委員三名から、三十一年の監督委員三名となり、三十四年には三名の学務委員というふうに変遷してきている。

さて、この年（明治三十五年）の七月二十八日、渡辺寿が、小諸の袋町にいた医師佐野義資の娘・安次《やすじ》と結婚した。婿養子だったので、渡辺はこの日以降、佐野寿と名乗った。結婚式に関する案内状は藤村がすべて準備したようだ。

佐野義資は、既に述べたように小諸藩の典医だったが、クリスチャンとなり、木村熊二の小諸での活動を支援していた一人だった。キリスト教が渡辺と安次を結びつけたのである。

渡辺はこの頃、小山太郎とともに、内村鑑三の「理想団」の小諸支部を結成していた。内村が渡辺に宛てた明治三十五年四月五日付の手紙には、「御地理想団支部規約の写し至急御送附方願上候。支部に於ては酒類を一切禁ずるに、本部の会合に於ては（仮令《たとえ》其有志の私的会合なりとするも）ビールを用ゆるとは甚だ不似合に付き、此事に就ては次回の会合に於て何とか所置を附ける積りに御座候《ござそうろう》」と書かれていて、理想団の活動について、いろいろと問題になっていたことがわかる。

理想団の「理想」とは、どのようなものであったのか。それを知るために、内村鑑三が明治三十四年十月の『万朝報《よろずちょうほう》』に自ら書いた「理想団は何であるか」という小文を見てみよう。

「理想団は政治的団体ではない。
理想団は宗教的団体ではない。

理想団は『万朝報』の機関ではない。

理想団は社会改良を目的として成った団体である。しかし普通の社会改良的団体ではない。理想団はある一つの特別の方法をもって社会を改良せんとする団体である。すなわち、まず第一に自身を改良して、しかる後に社会を改良せんとする団体である。」

この後、内村は、「自己にも、下劣なると高尚なるとの二つの種類がある」と言い、下劣な自己とは、自己のための自己、高尚な自己とは国家人類のための自己であると説く。そして、この国家人類のための自己を改良することは、社会を改良することになると主張する。

こうした理念が、当時の青年たちを奮起させた。しかし、理想団の運動は、ある程度の広がりをみせたが、短い間しか続かなかった。理想団は内村のほかに、『万朝報』の黒岩涙香、堺利彦、幸徳秋水たちが結成したので、内部には様々な思想的矛盾をはらんでいたのである。堺、幸徳ら社会主義者たちと内村の考え方には大きな違いがあったはずである。理想だけで集まった集団がそれを維持していくのは、やはり難しいことなのであろう。

それに、小諸の有力者たちの中には、理想団を敵視する者もいて、こんな団体は無気力な青年たちの集まりで、将来義塾にとって障害になると広言していたようだ。渡辺寿が中心人物だと見なされていたらしい。新しい運動はいつも反対されるものだが、理想団もそれから逃れられなかった。渡辺寿は、そうした周囲の不理解をものともせず、内村を師と仰ぎ続け、その生涯を敬虔なクリスチャンとして生きた。そして内村を物心両面においてよく支え、よく助けた。

小山太郎の方は、理想団に加わり、キリスト教を深く理解していても、信仰生活には入らなかったようだ。それでも、信州の地を愛した内村が小諸に来たときには、太郎の家に何度も泊まっている。太郎と内村の二人は、強い信頼と尊敬の心で結ばれていたのである。

太郎のいとこの小山英助も義塾の卒業生で、内村と深く交わり、「俊才ならざる君は、二十年以上、余と信仰の道を共にし」と、内村が日記に書くほどに、キリスト者としての生涯を全うした。「俊才ならざる」とは、内村独特の褒めことばである。


信仰で結ばれた渡辺（佐野）寿・安次夫妻の新婚家庭に、小山内薫《おさない》が訪ねてきた。明治三十五年の暮れのことである。当時、東京帝国大学英文科の学生だった二十一歳の小山内は、詩を書いていた。そして、詩人としての島崎藤村を崇拝していた。のちに自由劇場や築地小劇場を創立し、欧米の近代劇の紹介に努め、日本近代劇の世界で大きな仕事をした小山内も、最初は詩人として出発したのである。

明治三十五年の十一月、『明星』に発表した藤村の最初の小説「藁草履《わらぞうり》」を読んで、小山内は感動した。幼馴染《おさななじみ》の恋人を他の男に奪われた経験を持つ小山内は、その小説の中に自らの苦悩を読みとったからである。彼はどうしても藤村に会ってみたくなって、詩人の蒲原有明《かんばらありあけ》に紹介状を書いてもらった。が、尊敬する藤村の家を直接訪ねていく勇気はなかった。しかし、幸いなことに、藤村が教鞭をとっている小諸義塾には旧知の渡辺寿がいた。

小山内は、失恋した明治三十三年の夏から内村鑑三の講演会に出席し、『聖書之研究』の編集助手もしていて、同じ弟子の渡辺と知り合う。その渡辺を頼みとして、小山内は小諸に出かけて行ったのだ。小山内を迎えた渡辺は、一緒に藤村の家を訪れ、小山内を一人残して先に帰った。

夕方になったので、もう帰るという小山内を、藤村は佐野（渡辺）家へ送っていき、十二時頃まで三人は話し合った。夕食は佐野家で摂ったのだろうか。小山内は、藤村の黒目勝ちの大きな眼にひきつけられた。そこには、鋭さとやさしさ、厳粛と皮肉が入り混じっているような眼の光があった。

小山内には人なつっこい性質があって、藤村も心を開いたらしく、いろいろなことをよく語った。また藤村は、小山内が若い学生であるのに立派な見識を備えていることに感心した。

小山内は、そのまま正月の六日まで佐野家に滞在した。誰とでもすぐ親しくなる小山内は、友人の新婚家庭の中に自然にとけこんでしまったのだろう。遠慮というものがなかったのである。

藤村は、この小山内を伴って小学校の年賀の会へ出席した。このときの藤村は、きちんとした羽織袴で立派な出《い》で立ちだった。いつもは木綿の粗末な着物を着ていたので、藤村という人は、世間に向かってするだけのことはちゃんとする人だ、と小山内は改めて思った。

藤村はこの後、上京したときには小山内を訪ねて歓談するようになった。

晩霞と藤村　芸術家の共鳴

明治三十五年（一九〇二）の五月下旬、この年から小諸義塾の図画教師となっていた丸山晩霞は、島崎藤村を烏帽子岳の麓、西入牧場に案内した。現在の東御市の西端、上田市との境に位置するこの牧場は、後に藤村の小説『破戒』の中で、主人公の父親が牧父をしている「西乃入牧場」として描かれており、その調査行だったと考えられる。晩霞と親しくしていた藤村は、その案内を近くの祢津（根津）村に住んでいた晩霞に頼んだのである。

その後も藤村は、晩霞と共に小旅行を何度か試みているが、『千曲川のスケッチ』の次の文章は、晩霞が冗談好きで茶目っ気のある男だったことをよく伝えている。

「以前私が飯山からの帰りがけに━雪の道を橇《そり》で帰ったとは反対の側にある新道《しんみち》に添うて━黄ばんだ稲田の続いた静間平《しずまだいら》を通り、ある村はずれの休茶屋に腰掛けたことが有った。その時、私は善光寺の方へでも行く『お寺さんか』と聞かれて意外の問に失笑した事が有った。同行の画家B君〔晩霞〕は外国仕込の洋服を着、ポケットに写生帖を入れて居たが、戯れに

『お寺さん』に成り済まして一寸休茶屋《ちょっと》の内儀《おかみ》をまごつかせた。私が笑えば笑う程、余計に内儀は私達を『お寺さん』にして了《しま》って、仮令内幕《たとえないまく》は世俗の人と同じようでも、それも各自の身に具《そなわ》ったものであることなどを、半ば羨《うらや》み、半ば調戯《からか》うような調子で言った。」（「山に住む人々の一」）

黒っぽい和服を着て、真面目くさった顔をした藤村が坊さんに間違えられてもおかしくはない。が、洋服姿の晩霞まで一緒にされているのはどうしてなのだろうか。

晩霞は二十三歳のとき、故郷の定津院という寺で百日間修行し、それにより晩霞天秀の法名を受けたという。だから、茶屋のおかみの推測は的を射ていると言ってもよいのだろう。おかみは二人の本質を案外正確に感じ取っていたのかもしれない。

藤村も晩霞も、この頃、対象を正確に写しとることに熱中していた若き芸術家であった。文章と線や色彩の違いはあっても、自然に向かってどのように対したらよいのかという考えで、頭の中はいつも一杯であったのだろう。そんな頭の使い方は世俗の人には縁遠いことである。おかみが二人の仕事に通じていたら、「作家さん？」とでも言うのだろうが、そうした知識もないおかみは「お寺さんか」と言うしかなかったのだ。

宗教と芸術は、一本の木が枝分かれしたもので、同一の根から生まれてきたものである、と言った詩人がいる。宗教も芸術も、人間が生きるということに対する無限の問いと答えとを純粋に行為するものだ、というのである。二つの違いは、宗教が、行為を反省し客観化することを求めないのに対して、芸術は行為を反省して客観化し、その外側に作品というものを生み出していくことにあるという。

藤村と晩霞の二人は、芸術というものをどのように考えていたのだろうか。

この年（明治三十五）は、十七歳の小山周次が晩霞の家の書生となり、そこから小諸義塾に通学するようになっていた。周次は小諸生まれで、高等小学校卒業後、義塾に通った。彼は十代の前半に母と父を連続して失い、伯父の家に厄介になっていた。

周次は三宅克己に教わったことがあり、絵が好きだった。ある日のこと、呼ばれて、伯父の家の六畳の客間に行ってみると、そこには塾長の木村熊二先生がひとり端座していた。

「『今日は伯父さんに頼まれて君の将来の志望を聞こうと思ってね……』突然こう真向から切込まれ返答に窮してモジモジしていると『では学課は何が得意かね』この急迫に益々《ますます》面食《くら》って渋々と、『別に得意の学課などありません。強いて好き嫌いを言えば図画は好き、体操は大嫌いです。三宅克己先生のような絵をやって見たいです』

そこへ顔を出した伯父に先生からかくと報告すると、伯父は忽《たちまち》ち罵声を発して、『馬鹿野郎、絵など描いて飯を食って行けると思うか、だから小学校卒業の時うちの店の小僧になれと言ったではないか、困り者だなァ』

木村先生はすかさず助け船を出して『いやいや、人間というものは自分のやりたいと思う方向に進ませるのが成功の秘訣です。無理はいけません。丁度義塾には三宅さんの後任に丸山さんが来て居られるから相談して見ましょう』

こんな訳で木村先生は丸山先生と最も親しい間柄の島崎先生を介して相談が進められた結果私は丸山晩霞先生方の書生に住込んで小諸義塾へは依然として通学することが許された。当時既に両親を亡《うしな》って居たわが兄姉と私とは伯父の厄介になって居たのであった。再従兄《はとこ》の〔小山〕英助兄に伴われ夜具と身廻り品とを背負って二里半の山路を祢津村の画室に落着いたのはまる二ヶ年間だった。その間に記憶にあるのは、大下藤次郎先生の滞在、学生時代の青木繁、坂本繁二郎さんらの来訪、松山忠三、関晴風等の入門。その頃の晩霞先生は全生涯を通じて田園画家としての最高潮であった。」（『日本の水彩画　2　小山周次』）

後にすぐれた油絵画家となった坂本繁二郎は、晩霞を訪ねたときのことを、『私の絵　私のこころ』の中で、こんなふうに語っている。

「時代もよかったのでしょうが、苦労のあった半面に、愉快なこともあって、写生旅行は特に楽しい思い出です。上京した年〈明治三十五年〉の十一月、私は青木と東京美術学校西洋画本科に学んでいた丸野豊との三人で信州方面に写生旅行に出たことがあります。あり金は汽車賃にとっておき、テクれるだけテクり、夜は野宿同然の無銭旅行でしたが、小諸につい て私が一人で小諸城址で描いていますと、羽織はかまに藤のステッキを持った小学校の先生風の人が近寄ってきて『できますか』と私に声をかけ、しばらく肩越しに写生を見ていて静かに立ち去りました。それが島崎藤村だったのです。

私たち三人が小諸をたずねたのは、小諸義塾で図画を教えていた丸山晩霞さんに会いたかったためで、外国の新しい美術の話を聞きに何度かアトリエをたずねました。ある夜、私たちの宿舎に、丸山さんが藤村をつれてやってきました。藤村はこのとき『信州の雲は美しい、とりわけそれが夕焼けに映えるとき、高原の空気の中で変化がきわまりなく、自然の神秘に心をうたれる』などと話されたのを覚えています。このときの藤村は三十歳を出たばかりでした。」

藤村は絵画に強い関心を持っていて、描くのも巧みだった。第一短篇集『緑葉集』の口絵は、日本画家の鏑木清方《かぶらぎきよかた》に描いてもらったが、依頼するとき、藤村は自筆の参考下絵を渡している。

後年、藤村の息子の二人、鶏二《けいじ》と蓊助《おうすけ》は、油絵画家となっているから、藤村の絵画への志向は、よほど強いものだったに違いない。十七歳のとき、和田英作たちが出していた回覧雑誌『すみれ草』に、詩だけでなく挿絵も掲載したらしい。和田英作は東京美術学校西洋画科選科に進んで、明治の洋画を代表する一人となるが、画家になったのは藤村の助言があったからだという。

　また三宅克己は自伝『思い出づるまま』の中で、小諸時代の藤村の印象を「画家でもない島崎さんが一冊の手帖に毎日雲の変化など、日記のように記されていたのには驚き入ってしまった。風景などについて自分が感じている事は、島崎さんは一層詳しく調べ上げて、なんだか実際絵を描かれる先輩のように思われた」と書いている。

　こういう藤村だから、ひょっとして彼は画家になることを夢見た一瞬があったのかもしれない。克己に頼んで「画家の用いるような三脚を手に入れて、時にはそれを野外へ持ち出して、日に日に新しい自然から学ぶ心を養おうとしたこともある」(「『千曲川のスケッチ』奥書」)と書いているのだから。

　一方、青木繁の方は、藤村と面会して、どのような印象を持ったのだろうか。青木は、『海の幸』や『わだつみのいろこの宮』で有名な天才的洋画家である。明治の浪漫的風潮を代表する芸術家であったが、二十九歳で夭折した。

　彼は九州の久留米から画家になることを目ざして上京するとき、藤村の『若菜集』一冊を懐に入れて馬関（関門）海峡を渡ったという。中学生時代に仲間と文芸雑誌を出し、詩や短歌を発表していた青木が、憧れの詩人を前にして感激しないはずはないのだが、案外拍子抜けだったのかもしれない。

浪漫的叙情詩人・藤村は、実際に会ってみると、浪漫的な人物ではなく、いかにも教師然とした生真面目な顔の、世帯持ちの男にすぎなかったからである。しかし、青木は、小山内薫が魅了された藤村のあの黒い瞳に見つめられたとき、そして、信州の雲の美しさを詩人らしく語る藤村の声を耳にしたとき、おそらくなにものかを感受したはずである。

青木たち三人は、小諸に来る前、妙義山・中ノ岳の社務所の二階を借りて、ひと月あまり滞在していた。帰途、小諸から一人で中ノ岳に向かった坂本繁二郎に、青木は「中ノ岳宿料高価には驚入申候」で始まる十二月十五日付けの手紙を書いている。三人は宿泊費も払わずに旅を続けていたらしい。

その手紙の中で青木は、東京の下宿を引き渡さねばならないことに触れ、坂本が先に東京に帰った方がいい、その際、中ノ岳に残しておいたカンバスや天狗の仮面などをまとめて東京へ持ち帰ってくれと頼み、自分は来年一月の四、五日には帰ると記している。そして手紙の最後に、「帰京の上、所得製作の展覧を行うて、自然に対する我輩の信仰と態度に就きて、共に倶《とも》に火鉢をかこみて談《かた》りあかす時を待ち申候」と書いた。

青木は、一ヶ月以上も小諸に居続けた。晩霞や藤村と会ったのも一度だけだったということ

増築された頃の小諸義塾校舎（『小諸繁昌記』より）

はあるまい。手紙の中の「自然に対する我輩の信仰と態度」ということばには、青木の確信のようなものが感じられるが、そこには晩霞や藤村から受けた影響と感動があったのではないだろうか。

この年（明治三十五）の三月、小諸義塾の新しい校舎の建築が始まった。これにより、二階建ての本館と寺の土蔵を買い取って改築した平屋の校舎に、新築の平屋校舎が二つと、都合四棟の校舎が設けられることになる。学習環境は整ったのである。

なお、二階建ての本館は木村熊二の設計で、大工は名工の小山宗作であった。中棚鉱泉に建てた水明楼も、小山宗作の手に成るという。

保存・公開されている中棚・水明楼

第七章 衰退

与良下うね小路裏　　鉛筆・明治36年

義塾の危機

明治三十六年（一九〇三）、二月十三日付けの手紙が、保科百助から、荻原勘助と小諸義塾創立委員の小山太郎両名宛に送られてきた。荻原は中学校設備委員、中学校設置請願委員、学事視察員などを歴任した小諸町の町会議員である。

保科は、「五無斎」と称した教育界の風雲児だった。北佐久郡横鳥村に生まれ、長野県師範学校をビリを通して卒業。弱冠二十九歳の若さで小学校長になり、未解放地区の差別撤廃を訴えて分教場を統合した。他集落の子と別の分教場で学ばされていた被差別部落の子どもたちを、地域の反対を押し切って本校で一緒に勉強させたのである。十年で教職を辞し、長野に私塾を開いたが、一年半で閉塾している。経営は不得手だった。

その後、保科は図書館の設立にも邁進した。明治三十九年には、読売新聞の「日本百奇人伝」に投稿し、一等当選で百円の賞金をせしめている。服装も奇抜で、やることなすことすべて人の意表を突いた百助五無斎は、理想をかかげて思うがままに生きた奇人であった。

明治三十六年二月の手紙の後付けには「岩村田表にて」とあり、当時は佐久にいたらしい。保科は義塾の改革案覚書を荻原・小山両氏に示したようで、その補足として手紙を書いたのである。保科はまず、義塾改革案は、自分の教育的理想を発表したものであるから、これを採用すれば改革は必ず成功すると述べた後、次のように書いている。

「第一ヶ条の女塾廃止の件は最も必要に御座候《ござそうろう》。怱卒《そうそつ》の際〔慌ただしい折〕とて一言申残し候に付、更に一書を呈し候。木村〔熊二〕君の妻君は小諸小学校に御出し可被成候《なさらるべくそうろう》。尚《なお》、佐藤寅太郎氏へも改革の相談を可被成候。人と云ふものは可笑《おか》しきものにて、頭を下げて参り候はば心地悪しきものには無之《これなく》と見え、存外尽力し呉《く》るゝものに御座候。小生の如き単独に事業を経営するものとは違ひ此辺の消息を解し居らねばならぬものに御座候。」

これに続けて、「木村君が小学校教師と拮抗して事をなさんとするは大なる間違ひ」だと説き、小諸小学校の校長・佐藤寅太郎や先生方と木村熊二とが平和的に話し合い、互いに助け合うことが必要だと書いている。

保科もまた、「女塾」＝女子学習舎の廃止を強く勧めているので、女子学習舎の教育は土地の人に全く理解されていなかったことがわかる。熊二と佐藤の対立も、この頃には周知の事実だったのだ。要するに、女子学習舎はやめて、熊二の妻・隆《たか》は小諸小学校の教員とし、校長の佐藤にも相談して協力してもらわなければ、小諸義塾の今後の経営はうまくいかないだろう、と保科は忠告しているのである。

こうした状況の中、明治三十六年三月七日の小諸町議会では、義塾への補助金をめぐって議論が沸騰した。原案は千三百円の補助であったが、郡の補助金が三百円のところ百円増の四百円となったので、町の補助は百円減の千二百円とすべし、という動議が出された。

これに対し様々な意見があり、「義塾にのみ多額の補助はよくない」「財政難である」「千円でいい」「全額削除だ」「義塾は町立も同様」「全廃は無法である」「生徒六、七十人に過ぎないのに千三百円は高い」等々で夜の八時半になってしまった。それで、その日は散会。翌八日午前十時半に再開し、ただちに採決、千二百円の補助が決定した。

三月十二日、熊二は小山太郎を訪問して義塾の維持について話し合っている。義塾への風当たりが強くなっていく中で、存続の努力は続けられた。小山太郎日記にこう記されている。

「五月二十四日　財団法人として基金一万五千円募集の協議あり、来る〔五月〕三十一日義塾十年記念会を開き有力者百六十名招待に決す、出席者小山久左衛門、井出登一郎、塩川賢三、小宮山権兵衛、木村熊二、渡辺寿、小山太郎、小山慎六。」

このときの義塾後援者は、ほとんどが女子学習舎の協力者たちである。義塾創立委員八人の中では、小山太郎ただひとりが奮闘している。基金総額一万五千円以上とあるが、物価や給金などから計算すると、現代と、この時代の値段の差は約一万倍になるから、募金目標は現在の一億五千万円ほどになる。

五月二十四日の協議会での決定通りに、同三十一日、小諸義塾校庭において創立十周年記念祭が挙行された。主催者は小山久左衛門ほか七人であった。

六月十五日、小諸義塾基金の募集方法を定めて、募金に着手することとなった。義塾の経営の安定化を図って、財政問題に腰をすえて取りかかろうという訳である。その趣意書は塾長の熊二が書いた。次のように始まる堂々とした文章である。

「小諸義塾は篤学なる八人の青年が発起にかかり、木村熊二を招きて和漢洋の学を講ぜしめしに始まれり。その創立は実に明治二十六年の冬なりき。山国の生活より来れる止むを得ざる事情は幾多の有為なる青年をして修学の余暇あらしめず、空しく時勢の推移を傍観せしめたるの状態にありき。然れども彼等が学に志すの篤《あつ》き、農事養蚕に父兄を助くるの暇を以て来り学び、和漢の典籍と有益なる語学とを修め、猶《なお》歴史の知識をも習ひ得たり。幾多の旅客が嘆美する信州の教育事業も、ひとり少年に普《あまね》くして青年に疎かなる観あるは夙《つと》に識者の恨みとするところ、木村熊二が身を彼等の教育に委ねたるは斯《か》かる知識と情操との荒廃を視《み》るに忍びざりしに因《よ》れり。」

向学心に燃える八人の青年が創立した小諸義塾の理想を訴える木村熊二。小学校教育では多くの人々が称賛する信州教育も、それ以上の中等教育では充分だといえないので、好学の青年たちのために我が身を捧げようと思うと、熊二は熱く主張する。

この後、熊二は、町の補助や井出静の協力等、義塾の歴史について述べ、また西洋の教育は民間の事業であることを語り、独立経営の道を開くための募金賛助をお願いする。基金は一口十五円とし、一回三円ずつ五年間で払うことになっていた。しかし、この熊二の力のこもった立派な文章も、実を結ぶことはなかった。時の流れは、義塾の大望とは逆の方向へと動き出していた。

八月十四日の『信濃新報』に載った木村熊二訪問記には、「其の私立学校撲滅論に及ぶや温顔の君子も眸光一閃《ほうこういっせん》、憤慨の状が見えた」とある。義塾存続の可否論争は、新聞記者の耳にも届いていたのである。

同月の二十五日には、ついに女子学習舎の廃舎届が提出された。以後、女子学習舎は学習会となる。女子学習舎は二年四ヶ月ほどの短命で終わった。生徒数も初年度十六人、第二回入学生は六人、第三回入学生は九人、都合三十一人の少人数だった。

一度は認可学校にしようという望みもあった女子学習舎だったが、その願いも空しく自発的な勉強会へと後退せざるを得なかった。そして、後身の女子学習会も、一年半後の明治三十八年（一九〇五）三月二十一日に閉じられている。

九月六日、義塾の数学・理科教師、鮫島晋の家で朝顔会が開かれた。朝顔狂いの鮫島は、上田から小諸に移ってくると、すぐに庭中朝顔の鉢で一杯にしてしまった。彼が愛した朝顔は「丸咲《まるざき》」「牡丹種《ぼたんだね》」や「獅子」「手長」といった江戸時代からの古典的なものだった。平和が長く続いた江戸時代は世界に冠たる園芸大国だったが、鮫島の中には風流な江戸趣味が血肉となって生きていたのである。

この日呼ばれたのは島崎藤村や小山太郎たちであった。藤村は太郎の一つ下だが、気も合ったらしく、この頃はよく一緒になって行動している。鮫島は彼らにどんな自慢話をしたのだろうか。

十月の半ば頃、有島生馬《いくま》が藤村のもとを訪ねてきた。『或る女』を書いた有島武郎の弟で、このときは東京外国語学校イタリア語科の二十歳の学生だった。学習院時代の友人たちと妙義山に登り、そのあと一人で小諸にやって来たのである。藤村宅訪問の用件は、前年の暮れに藤村を訪ねた小山内《おさない》薫を通じて知らせてあった。

「有島生馬氏の印象」の中で、藤村は書いている。

「はじめて私が有島君に逢ったのは、まだ私の家が信州小諸の馬場裏というところに在った頃だ。有島君は小山内薫君や（小山内君もまだその頃は文科大学の学生であった）、故青木繁君と相前後して、小諸の家の方へ訪ねて来て呉《く》れた。私は友もすくなく独りで寂しく暮して居たから、互いに詩文を語り合うことの出来るような人をあの山の上に迎えた時は実際うれしく思った。

その頃の有島君は漸く芸術の生涯に入ろうと決心した頃であったと思う。君は軽井沢の方から来て、一晩泊った小諸停車場近くの二階で私の肖像を旅のしるしにもと小さな画板に試みて呉れた。私は髭を剃るのが面倒で一週間分も溜めて居たが、その時、有島君の描いて呉れた画中の自分にはそれが無かった。こんなに髭が生えて居ますと私が言ったら、君は草でも描くように無造作に私の顔へ髭を生《はや》して呉れた。その日から有島君と私との友情が始まった。君はまだ若かったし、私も三十一二になったばかりの青年であった。」

有島が訪ねたとき、藤村はまだ義塾から帰っていなかった。しばらくすると、眼鏡をかけた鋭い眼を伏せた藤村が会釈しながら帰ってきて、座敷へ上がるよう有島を促した。放課後少しテニスをしていたので、ということだった。やがて夕食となったが、みそ汁と沢庵ときざ柿だけの質素な食事だった。柿は食後のフルーツだったのか。

その後、藤村の案内で駅前の旅人宿に行き、ダーウィンの進化論やドストエフスキー、ゾラの話を有島は聞いた。藤村が帰ったのは、柱時計が午前三時を打ったときだった。

十二月六日、木村熊二は、北佐久郡志賀村の神津猛のところへ資金調達に出かけている。神津猛はこのとき二十一歳の青年だが、「赤壁」と呼ばれた屋敷を構える神津家の十二代目の当主であった。神津家は五十町歩、五百石の豪農で、当時の信州では有数の大地主である。

神津は慶応の幼稚舎から普通科まで学び、俳句や考古学に興味を持って、明治三十二年に帰農していた。熊二はその財力を頼りに寄付を求めに来たのだろうが、その交渉後、藤村の来歴をかなり詳しく話し、来春には東京へ帰る意志があることまで明かしたらしい。

藤村は友人の田山花袋に、十一月十九日付けの葉書の中で「収穫いまだ筆をとらず」と書いていて、『破戒』の構想が出来上がったことをにおわせているから、熊二にも義塾の教師を辞して上京することを話していたようだ。

十二月十五日の小山太郎日記には、「島崎藤村氏明春を期し帰京との件に付鮫島理学士来談」とあり、翌明治三十七年（一九〇四）一月十九日の木村熊二日記には、「島崎氏より相談之件あり」と記されていて、藤村の帰京は、義塾関係者にとっては既定の事実となっていた。三月一日の日記には「義塾へ出席　島崎氏来談　事義塾之件におよふ」とあるから、藤村が義塾を辞めることは、いよいよ本決まりだったのである。

ところが、三月十二日の木村日記で、事は急変する。

「土曜日　季候寒冷曇晴相半　朝役場へ出張　池野町長より義塾補助は千円と致し度旨《たき》談

有之《これある》に付義塾へ到り教員諸氏と相談し授業を三十八年度も続する事に決定　島崎氏は近而教授を辞し出京せん事を請わる　自他教員は俸給二割を寄付する事と成りたり」

「授業を三十八年度も続する事に決定」とある「三十八年度」は「三十七年度」の誤記ではあるまいか。

二月八日の日露開戦を前にして義塾卒業生たちも入営していたが、戦争が現実のものとなった以上、町も緊縮財政とならざるを得ず、義塾補助が二百円減の千円となったのは当然のことである。が、義塾経営は町に依存していた状態だったので、この措置は痛かった。それで早速、緊急職員会議となり、藤村はそこで辞意を正式表明した。だが、他の職員一同が俸給の一部を義塾に寄付して非常事態に臨もうと決議した雰囲気の中では、辞任も延期せざるを得なくなったのだろう。

会議では、年俸の一割を寄付しようと決まったらしい。当時はボーナスなどというものはなかったから、月給五十五円の熊二は、五十五×十二ヶ月で年俸六六〇円となり、その一割の六十六円が拠出金となった訳である。同様に月給三十五円の鮫島は四十二円の寄付。三十円の渡辺(佐野)寿は三十六円、二十五円の藤村と土屋七郎は三十円の寄付。十円の丸山晩霞は十二円の、六円三十銭の大井小太郎は七円の寄付である。

木村日記には「俸給二割を寄付」とあるが、これは思い違いである。恐らく、あまり余裕のなかった教師たちだから、毎月の給料から一割ずつの寄付を一年続けるということに決まったのだろう。

一週間に二十四時間の授業を持っていた鮫島が月給三十五円というのは決して多くない。というより少ない。これより十二年前の明治二十五年、故郷の高田中学に赴任した当時の月給が八十円だったのと比べても少ない。鮫島の学歴からいったら三倍もらってもいいところである。こうした薄給の教師たちが、義塾のためにさらに身を削る覚悟をしたのは痛ましい。

『破戒』を書き上げるために、できるだけ早く上京したかった藤村も、ここで同僚たちを見捨てることはできず、もう一年教師を続けることにした。それでも『破戒』執筆の時間を確保するために、授業時間は減らしてもらった。藤村は英語も受け持っていたが、その時間数を渡辺寿が持ち、渡辺の地理を、卒業生の大日向亀一が教えることになったようだ。

この臨時職員会議から九日後の三月二十一日、神津猛が義塾へやって来て、一人の少年の教育について依頼している。その話が済んだ後、熊二から十二日の件を聞いたのだが、藤村に心ひかれていた神津は、その日記の記述から、熊二の話を少し美化して理解したように推測される。北佐久郡からの補助も百円減らされ、結局三百円の減となったので、教員一同が協議した結果、各自俸給の二割ずつを割いて藤村の給料に充てることになった、と聞いて神津は心動かされたのだ。

人情軽薄のこの世の中に、こんな美しい話はないと感動した彼は、その場でただちに五十円の寄付を申し出た。情熱家で正義感の強い神津らしい行動であった。

藤村は三月下旬に上京し、小山内薫らと歓談した。一月に小諸にやってきた田山花袋のところへも訪ねていったが、花袋は日露戦争の私設写真班として従軍していて会えなかった。

鮫島の大病

明治三十七年(一九〇四)度の授業も、なんとか始まった。五月十三日には、一年生が数学教師・鮫島晋の引率で、南佐久の大日向へ鉱物採集の遠足に出かけている。この年の入学者は三十二人だった。十四日は二年生が植物採集の遠足。引率は博物の土屋七郎である。四年生は体操の大井小太郎の引率で戸隠山に出かけた。四年生は四、五人ぐらいのものであったろう。

小諸義塾は高等小学校卒業の生徒が無試験で入学してきたから、一年生は比較的多人数であった。一番多かったのは、明治三十四年の六十九人で、この年に入学した竹澤正武は、「小諸義塾之憶《おも》い出」の中で、「学期試験は相当厳重であったものか、大勢の生徒も大半はふるい落され、二年生になると二三十人位の少数となり、三年目には僅《わず》か八名だけが残ることとなった」と書いている。小諸義塾はなかなか厳しい学校だったのである。

この竹澤正武は三年で卒業した後、上京するが、その際に塾長の木村熊二は、麻布中学の江原素六への紹介状を書き、竹澤に麻布中学への入学を勧めた。熊二、江原とも旧幕臣であり、互いに知る仲だったのだろう。竹澤は形式的な試験だけで五年生に編入することができたという。この後、竹澤は日本銀行調査局で仕事をしている。

小諸義塾基本金募集の趣意書の中で、熊二は「わが校舎に出入せし青年の既に千を以て数ふべきものあればなり」と述べていたが、これは誇張である。入学者は五百人に満たなかったが、卒業者も五十人位だったと思われる。もっとも、二年在学で師範学校を受ける生徒もかなりいたようだから、必ずしも学業不振による中途退学者が多かった訳ではないだろうが、十人に一人の割合の卒業生というのは、かなり厳しい指導である。

そのせいか、義塾出身者の中には、社会に出て活躍した者が多い。村長三人、町長二人、陸軍三人（大尉・少佐・大佐）、海軍一人（中尉）、医者十二人、獣医二人、小学校長五人、中学校長一人、大学校長一人、会社役員六人、記者六人、銀行員五人、薬剤師二人、書家・画家四人、教諭三人、代議士、工学博士、音楽家各一人。これは、五百人未満の入学者で、卒業生も五十人ほどの小さな学校の出身者としては、よく健闘しているといってもよいのではなかろうか。すぐれた教師たちの奮闘努力は無駄ではなかったのである。

さて、義塾の辞職と東京行きを一年延ばした島崎藤村は、七月二十二日に上京し、二十七日には函館に着いていた。日露戦争で危険な津軽海峡を船で渡り、妻の父・秦慶治に会って、長編小説『破戒』の出版費用を援助してもらうための旅だった。実業に生きた男気のあるこの老父は、出版も事業の一つと賛成し、費用提供を快諾した。

藤村は『破戒』の中に、小諸での六年間の経験と思考のすべてを投げ込んだ。その頃の思いを、彼は『突貫』という小品で触れている。

「私は今、ある試みを思い立って居る。もし斯《こ》の仕事が思うように捗取《はかど》ったら、いずれそれを持って山を下りようと思う。けれども斯のことは未だ誰にも言わずにある。

今日《こんにち》まで私は酷《はなは》だ都合の好いことを考えて居た。自分の目的は目的として置いて、衣食の道は別にするような方針を取って来た。それが自分の目的に一番適《かな》ったことだと信じてきた。しかし私は斯の考えの間違って居ることを悟った。私の教員生活も久しいものだ。斯様《こん》な風にしてずるずるに暮らして行く月日には全く果《はて》しがない。私は今日までの中途半端な生活を根から覆《くつがえ》して、遠からず新規なものを始めたいと思う。私は他人に依って衣食する腰掛の人間でなくて、自ら額に汗する労働者でなければならない。

東京の友人が戦地へ赴く前に寄《よこ》した別離《わかれ》の手紙は私の心に強い刺戟《しげき》を与えた。私も一度は従軍記者として出掛けたいという希望をおこしたが、斯ういう田舎に居てその機会を捉えることは、所詮不可能だとあきらめた。私には私の気質に適ったことがある。私は今度の戦争の中で、自分の思い立った仕事を急がなければ成らない。」

こうして藤村は、一年延ばした出京を改めて決意する。そして、『破戒』の完成に全力を尽くしていたとき、鮫島晋が病に倒れた。九月の二日、驚くばかりの多量な黒い血が、鮫島の胃腸から流れ出てきた。

誰が見ても、もう助からないと思うほどだったのに、彼はなんとか一命を取りとめた。大の酒好きだった鮫島は、酒の飲み過ぎで胃を痛めてしまったのだ。熊二は見舞金として五円を渡した。鮫島が回復するまで、授業の方は嘱託教員が受け持ち、のちにそのための追加補助金が認められた。

こんな酒飲みの鮫島に、藤村は何故かひかれ、その人柄を愛した。そして、文章によって鮫島の姿を後世に残した。『千曲川のスケッチ』や小説『突貫』『岩石の間』の中に、鮫島は「理学士」や「広岡学士」として何度も登場する。特に『貧しい理学士』には、「斉藤先生」として描かれた鮫島に対する藤村の敬愛の念があふれていて、しみじみとした作品となっている。

五月のある夜のこと、だいぶ遅くなってから、大酔した鮫島が、体操の大井小太郎を連れて、藤村の家に突然現れた。妻の冬が水をコップに入れて差し出すと、それを取ろうとする鮫島の手は震えていた。「どうも失礼……今日は二人で山遊びに出掛けて……酩酊……奥さん、申し訳がありません……」そう詫びるように言うと、二人はまた舞うように出ていった。この日の印象があまりに強かったからか、酔いどれ姿の鮫島をモデルにした人物を、藤村はいくつかの作品の中に登場させている。

藤村の文章で描かれた鮫島は、子だくさんの貧乏人で、酒を飲むから貧乏するのか、貧乏するから飲むのか、よくわからないような人だった。飲むとフランス語を口にし、愚痴をいった。また、十八歳で維新の戦争に出たことを自慢する古い武士であり、火事を見ながら、朝顔の話をする有名な朝顔狂いの人だった。そして、大学時代、野球の熱球を受けそこなって左手の薬指が半分しかない人であり、弓をひくときは、一番弱い弓をひくが、稽古熱心でよく当てる人でもあった。

鮫島は、強弓をひく木村熊二に対抗して、同じく強弓を手にした井出静とは違う、無理のない生き方をした。自分自身の道を淡々と歩く人だったのである。

鮫島は実にユックリ、ユックリ歩く人だった。そして、服装などには全くかまわない人だった。藤村が「鮫島先生も随分関《かま》わない人ですね」と言い出したら、井出などは「ナニ、関わないじゃなくて、関えないんでしょう」と笑ったという。が、藤村は、そこまでかまわなくなった人だと、鮫島のことを想っていた。

東京大学出身の理学士様が、なぜそこまで身を落として平気なのか、藤村にもわからなかった。「先生の過去は誰も知らない」からである。

百姓じみたことが、鮫島も藤村も好きだった。馬方や労働者の話を聞くのも、二人とも好きだった。旅行が好きなことも、二人に共通していた。だから、藤村は鮫島と昵懇《じっこん》になっていった。藤村は、「落魄《らくはく》せる〔栄位を失い落ちぶれた〕理学士」と鮫島を呼んだが、それほど失礼とも思われない心易さを感じていたのである。

鮫島が年をとって貧しかったから味方になったのだ、と藤村は言う。が、一方では「何もかも外部《そと》へ露出した人」としての鮫島が、藤村には眩《まぶ》しく映っていたのかもしれない。「不自棄生」という名を自分につけて、どんなに貧乏しても、自分で自分を棄てるようなことはしない人生を、鮫島は生きていた。そんな鮫島に、藤村は畏敬の念を抱いたはずである。鮫島の方も、二十歳も下の藤村を頼りにした。若い藤村の中に、他の者にはない高い精神性と人格を見ていたからに違いない。

鮫島の長男は小諸義塾の最後の入学者だったが、絵が好きで、将来は丸山晩霞先生のようになりたいと言っていた。この心やさしい長男を、鮫島は可愛がった。強い弟より弱い兄の方の肩を持つという理由で。

鮫島は授業に熱心な教師だったが、古い洋服に破れたズック靴や下駄を履いて、黒板拭きが近くにないと上衣の袖でふき、そのまま払いもしないような人だった。ときには、顔まで白墨だらけになっていたこともあった。だから、鮫島は、最初のうちは町の人たちに疎んじられた。しかし、やがて、鮫島の正直で親切な生徒思いの尊い性質を、生徒の親たちも認めない訳にはいかなかった。そして、鮫島の学歴を知った人たちは、こんな田舎町にはもったいないと噂した。

十月十五日の土曜日、藤村は、晩霞や熊二、弁護士の立川雲平とともに、神津猛から松茸狩に誘われ、志賀村の赤壁の御屋敷を訪ねて泊った。立川は代議士になったこともあり、義塾の顧問役であった。

この年、三月二十一日に神津が義塾を訪問し、五十円の寄付を申し込んだことは既に触れたが、そのあと神津は、藤村に、午後から柏木の小山常治氏のところへ遊びに行く約束があるから一緒に行かないかと誘われたのである。晩霞や鮫島たちも同行した。そのとき藤村は「田舎に引込んで居て老いぼれてはいけないよ」と言って、慶応で学んだ神津を鼓舞した。

神津も仲間になって小山家に行き、晩霞の洋行談などを聞いて楽しんだが、この時、神津は藤村に強くひかれたらしい。「島崎氏は非常に快活な人で高慢振る様な所など少しもなく、真に立派な一個の紳士」というのが、神津の藤村評であった。こうして、急速に藤村たちと親しくなっていった神津は、秋に赤壁の家の裏山で松茸狩をすることを計画し、四人の招待となったのである。

翌十月十六日の日曜日、十時半頃から松茸狩を楽しんだ一行は、山頂で宴会を始めて、二時頃まで遊んだ。秋の山の空気は澄み切って、眺めは良し、話は面白しで、松茸も酒も、さぞうまかったことだろう。写真で見ると、神津家の使用人や子ども達も加わって、総勢二十人以上の大宴会だった。赤壁の家に戻った熊二は、神津所有の自転車を習って興が乗ったのか、もう一泊することになり、結局四人とも泊まることになって、また宴会である。

この日曜の朝、藤村は屋敷内の部屋を見て歩いて、神津夫人に「私の生《うま》れた木曽の家の様子によく似て居ります」といったという。本陣・庄屋を努めていた島崎家と、大地主の神津家の屋敷と家風は、いろいろな点でよく似ていたのだろうが、そうした育ちの類似が、藤村と神津を結びつけた一因だったのかもしれない。

大井小太郎
（小諸義塾記念館提供）

十二月十日、体操教師の大井小太郎が入営する。そのときの様子は、藤村の『突貫』の中に描かれている。

小諸停車場の前の空地に、戦争に行く若者たちが美しく飾った馬に乗せられ、大勢の村人たちに前後を守られながら集まってくる。混雑する空地の中を、藤村と鮫島は大井の姿を探し回った。見つけると大井は、「私などは、へえ召集されたところで、御留守居役の方ですから——」と言って、藤村の手を握った。

背の低い渡辺（佐野）寿が人込みの中を分けてきて、別れの握手を求めた。やがて、大井と義塾の教師たちは、改札口から押し出されるようにプラットフォームの方へ歩いていく。汽車がやってきて停まると、すべての窓が開けられ、呼びかわす声、別離を告げる声、無事を祈る声、そして帽子や旗を振る音が一緒になって、哀しい「生命掛《いのちがけ》の叫び声」となっていった。

大井の後任の体操教師は、依田源七が務めている。

大井は、無事帰還した。

第八章 終焉

祢津村　鉛筆・明治36年

『破戒』と藤村の別離

上京して中央の文壇に闘いを挑むことを、小諸義塾の仲間への配慮から、島崎藤村は一年延ばしにした。授業時間を減らしてもらい、『破戒』の完成に尽力していたのである。しかし、丁寧な毛筆の字で原稿を書き進めていく作業は、一向にはかどらなかった。

現在、小諸・懐古園の「藤村記念館」に、藤村自筆の原稿や手紙が展示されているが、初めてそれを見た人はハッとする驚きを持つに違いない。それほど藤村の字は丁寧で美しい。藤村の詩や小説に対して好き嫌いはあるだろうが、やはり藤村は藤村で、ただ者ではない。

ここで少しく『破戒』について語っておきたい。

主人公の瀬川丑松《うしまつ》は、小諸の被差別部落出身の小学校教師。彼は、飯山の学校で、俗物の校長と対立しながらも首席教師であり、生徒からも厚く信頼されていた。が、心中には大きな苦悩があった。被差別部落出身であることを、生涯にわたって「隠せ」という父の戒めがあったからだ。

もと師範学校教師の思想家・猪子蓮太郎《いのこれんたろう》は、秀れた著作を出し、自らが被差別部落出身であることを宣言していた。丑松は、かねて尊敬する猪子にだけは自分の秘密を明かそうと思う。

しかし、猪子と偶然二人きりになる機会がありながら、どうしても告白できない。

その後、牧場で父が事故死し、小県《ちいさがた》・祢津の叔父の家に戻っていた丑松を、知人の選挙応援のため信州に来た猪子が訪ねてくる。猪子の知人と争う対立候補の男は、金のために被差別部落の資産家の娘と結婚していた。応援演説でそれを暴露した猪子が、暴漢に襲われ、命を落とす。これを機に、丑松は、父の戒めを破り、自分の出身について告白しようと決意する。

これが『破戒』のあらすじである。藤村は、この作品の中に小諸での経験のすべてを投げ込み、詩人から小説家になることに成功した。この小説の中では、明治になってもなお根強く残る社会的な差別の問題が提起されているが、同時に、主人公丑松の苦悩の中に、自己表現で悶々とする田舎教師としての藤村の内面も投影されているのだと思われる。

藤村は、義塾卒業生の小山英助と一緒に被差別部落のお頭《かしら》の話を聞きに行ったり、図画教師・丸山晩霞に頼んでそうした家々を何度か訪問したりして、この小説の構想を練っていた。『破戒』は、藤村が小諸義塾の教師にならなかったら生まれなかったのである。

『破戒』の出版費用は、日露戦争中の津軽海峡を渡って、函館の岳父・秦慶治に出してもらうことになった。だが、藤村にはもう一つ気がかりなことがあった。出版までの生活費の問題である。初めての長編小説『破戒』に、藤村は強い自信を持っていた。けれども、彼は既に三人の娘の父親となっていたのだ。親子五人の生活をなんとかしなければならない。すべてが、三十三歳になった藤村の双肩にかかっていた。蓄えはほとんどなかったはずである。

明治三十八年（一九〇五）三月四日、藤村は、志賀村の赤壁、神津猛の家に向かった。恐ろしいほどの寒さで、関節が凍りつくようだった。

「行く人も稀《まれ》な雪の道─つくづく私はその眺めが自分の心の内部《なか》の景色だと思った」と藤村は書いている。そのうち眠くなるような眩暈《めまい》がして、倒れそうになった。息苦しさも襲ってくる。そんな死にそうな思いをして、やっと赤壁屋敷に着いた。

藤村は、上京して『破戒』を完成させるまでの生活費を、赤壁の若き当主、弱冠二十三歳の神津猛に借りようと思っていたのである。藤村にとって神津は最後の頼みの綱だった。夜中の一時頃まで、『破戒』のあらすじや、本の装丁、挿絵などについて語ったが、とうとう本題には入れなかった。翌五日も午後三時まで話し込んだが、ついに援助金の依頼はできなかった。日暮れ時に小諸の自宅に帰った藤村は、その日の晩、意を決して神津への手紙を書いた。

「あたゝかき湯に身のつかれを忘れ、終宵《しゅうしょう》の物語時のうつるを覚えざりしはきのふのことに候ひき。生《せい》は今例の『机』の灯台のかげにこの手紙認むるなりきのふの今は兄と令閨《れいけい》〔他人の妻の尊敬語〕と互にをかしくおもしろき談話に興せしことを思ひ出でて、身はなほ羨しき兄の家庭のうちにある心地いたし候。」

こう始まる藤村の手紙は、実に長いものだった。この文語体の格調高い候文の手紙を全文紹介したいところだが、余りに長いので、三月六日の神津の日記を引用してそれにかえたい。神津は、藤村の手紙の内容を簡潔にまとめているからである。

「島崎氏から来信。大分長文ゆえ何かあるのかと開いて見ると―今度『破戒』の一篇を出版するに就き、丁度今頃は脱稿している位の予定であったので、舅《しゅうと》父からも四百円の叢書出版の基金を得ておいたところ、存外手間どれて、尚《なお》脱稿迄《まで》には半年を要すると考えられる。その間の妻子の生活費に就いては、小諸義塾をやめるので収入の道を絶たれる事になり、今回の事業の成否は実にこの一事に懸る事となった。

ところで君とは未だ交り浅き身ではあるが、君が文芸に深い感興と同情とを寄せられる事を知った。実は他にも小諸などで相談しようと思ったが、その為に留任せよなどと言われるのも嫌だし、それに文芸に同情を持たぬ人達にはかるのもつまらぬゆえ、君にこの事を相談するのだ。向後三年を約して返済することとして、金四百円を補助して呉れぬか。泰西の名士ゲエテは人を得て活き、シェレイは人を得ずして死す。文芸を重んずるの意あらば、何分にも頼む、という手紙。」

この依頼は勿論、神津の心を強く揺さぶった。しかし、この時代の四百円は大金である。義塾教師の中で、明治三十八年の鮫島晋の年俸は四百二十円。渡辺（佐野）寿は三百六十円。藤村は三百円だった。もっとも、この年は授業時数を減らしてもらっていたから俸給も減っていたかもしれないが、それでも義塾での藤村の年俸は、おそらく四百円を越えたことはないと思われる。

上京した後、五人家族の一年間の生活費を四百円と踏んだのは、小諸での生活を考えても、常識的な判断だといってよいだろう。夢想家でありながら、現実から足を離さない藤村らしい計算である。

だが、神津はまだ二十三歳の青年当主であり、後見役の親族が監督している状態にあった。財産はあっても、一人の所存で四百円の金を自由に動かすことはできないのである。

そこで神津は、子どもの養育費の中から、百五十円を藤村の援助に流用することにした。三月九日の神津の日記に「島崎氏から来信、百五十円でいいから、それで五ヶ月の間を支えるつもりだから貸して呉れろとのこと」とあるように、二人の話はまとまり、神津は三月二十日、使用人に百五十円を持たせて藤村に送っている。

藤村は金を受け取ると早速受領書をしたため、最後に「例の机はさし上ぐるつもりにいたし居候。御序《おついで》に強き人を御遣《おつかわ》し相成度候」と追い書きした。小諸で藤村が愛用していた文机を神津にあげるというのだが、これは百五十円のお礼ということではない。藤村が来訪して泊まった三月五日に、神津の方から懇望して承諾を得ていたもので、その確認を謝礼の意味をこめてつけ加えたのだった。神津は「明治に於けるこの世界的文学者の七年間の好伴侶たりし机は、余が貰うことに約束したのである」と、五日の日記に誇らしげに記している。

三月二十一日、女子学習舎の後身、女子学習会も最後の日を迎えた。生徒六人に修業証書が授与され、そのまま閉会式となった。小諸を離れる藤村には生徒たちからの贈り物が、教員一同には学習会から記念品が贈られている。二十九日には、小諸郊外の釈尊寺で藤村の送別会が開かれた。鮫島、渡辺、丸山晩霞、土屋七郎、小山太郎等が出席した。

三十一日は小諸義塾の卒業式。十一人の卒業生だった。この日、藤村に義塾の職員や生徒一同から記念の机が贈られた。佐久の近津《ちかつ》という所の松の一枚板でつくった机で、神津猛にあげることになっていたものとほとんど同じ大きさの文机である。裏には、鮫島の歌が書かれていた。

君が行く　東《あづま》の空は遠けれど
　　近津の森に　心留《とど》めよ

藤村が小諸から去ることを決心したとき、鮫島は気落ちして「君も行ってしまうかナァ」と力なく言っていた。そんな鮫島の藤村への思いがこめられた歌だった。

上京する島崎藤村の送別で懐古園の天守台の石垣に集まった義塾の生徒と教師たち。最前列右端が木村熊二、２列目右から４人目が藤村（小諸市立藤村記念館提供）

四月一日、藤村は新生活の準備のため単身上京、住む家を探した。角筈《つのはず》（現新宿区）に居た義塾の元図画教師、三宅克己《こつき》を訪ねていったのが縁で、西大久保に植木屋が新築中の借家を見つけて、それを借りることに決めた。周りには樹木も多く土地柄が気に入ったので、工事が完成するまで待つという約束で借りることにしたのである。

小諸に戻ると、義塾創立委員の小山太郎たちが餞別の金を集めて、九日に持ってきてくれた。五十円もあった。十六日には、神津猛に、約束してあった愛用の机と硯を送った。

二十九日に、藤村一家が上京することになっていたが、その前の晩、鮫島の家で最後の会食があり、晩霞と神津も参加して、九時まで楽しく語り合っている。牛鍋に田楽、ソバの御馳走だった。

翌日の朝、七時四十分台の汽車で、藤村の家族五人が小諸を離れる。駅には、同僚や生徒や沢山の町の人たちが集まり、餞別のしるしにと言って、物をくれる菓子屋や豆腐屋のおかみさんもいた。神津は威儀を正した洋服姿の見送り。三人の子どもを連れてきた鮫島は、汽車の窓から石南木《しゃくなげ》の花束を手渡した。

藤村一家は四時頃、新宿に着いたが、汽車の中で元気のなかった三女縫子は、それから数日後、家の中が少し片づいた頃に高熱を発した。友人の柳田国男が手配してくれた小児科医が来てくれたときには、もう遅かった。麻疹《はしか》から急性の脳膜炎を起こしたのだ。五月六日、生まれて一年余りでの三女の死だった。

藤村は、上京してから五月八日までのことをこまごまと日記書きにして、神津に知らせた。二十日に三女縫子の死を知った神津は、十六日、突然訪問して藤村を喜ばせている。二十三歳の男としては、こまやかな心遣いである。

こうした家族の不幸にもめげず、藤村は、『破戒』の原稿を進め、六月七日には『破戒』の題字を義塾の書道教師・秋山碧城《へきじょう》に頼んでいる。十月の五日には、挿絵を日本画家の鏑木清方《かぶらぎきよかた》に依頼した。二十日に長男楠男《くすお》も生まれた。そしてついに『破戒』を脱稿した。十一月二十七日のことである。その喜びを、藤村はハガキで神津に知らせた。

「草稿全部完了。十一月二十七日夜七時、長き長き労作を終る（章数二十一、稿紙五百三十五）。無量の感謝と長き月日の追憶とに胸躍りつつこの葉書を認む。」

毛筆の大きな字で「草稿全部完了」と記されたこのハガキには、藤村の歓喜の情とそれをいち早く神津に伝えたい思いがあふれている。神津と藤村の友情なくして、『破戒』の完成はなかったのである。二人の出会いが、一つの作品として実ったのだ。このハガキを手にしたときの神津の興奮はどれ程のものだったか、神津が夫人の蝶に大声で話す声が聞こえてくるようだ。

神津からすぐに便りがあり、一緒に心配したかいがあったと自分のことのように喜んでくれたという。このときの二人の友情には、まばゆいものがある。美しい交友である。

義塾の友人だった晩霞も、藤村のあとを追うように、この年の十月頃に上京し、駒込に居を構えていた。藤村が文芸にうちこむ様子を聞いて刺激され、水彩画への情熱が、晩霞の背中を強く押したのだろう。

理想と希望の果て

明治三十八年（一九〇五）秋ごろから、小諸義塾の存廃問題が語られるようになった。心配した創立委員の小山太郎たちが塾長の木村熊二のところに相談に行くと、熊二は責任を持って尽力することを約束した。しかし、小諸町の実力者で、義塾の理解者であった製糸家の小山久左衛門を訪ねると、義塾は結局小諸町に引き渡すことになるだろう、塾長の熊二には町より五百円位は出したい、という話だった。町の大勢は義塾を閉じる方向で決していたのである。

その後、久左衛門は中国へ視察旅行に出かけてしまう。この理解者の不在は、義塾にとって大きなマイナスとなった。

十月十二日、町議会で小諸義塾協議会が開かれ、町立中学とすることに決まった。これを受けて、太郎たちは熊二を交え、町から塾長の熊二に対する出金方法を話し合うが、「一文も要らぬ」と熊二は言明した。

熊二の友人である上田の弁護士・立川雲平から、義塾の善後策について注意があり、太郎のほか、室賀鑑蔵、小林市之助の創立委員たちは、熊二宅に集まっていろいろと相談する。塾舎本館が建設されて以来、しばらく義塾から遠ざかっていた創立委員の面々も、自分たちがつくった小諸義塾がなくなってしまうという危機に際して、にわかに動き出したのである。

十一月十六日、義塾引き渡しの件を協議するため、立川弁護士が上田から小諸にやって来た。翌日、義塾引継協議会が開かれ、熊二への報酬は九百円に決定。立川が塾長の弁護士として契約し、上田に帰った。

十九日、料亭で熊二の招待による晩餐会が開かれ、義塾の教師たちや、創立委員たちの労がねぎらわれた。集まったのは、鮫島晋、渡辺（佐野）寿、土屋七郎、小山太郎、小林市之助、室賀鑑蔵、西岡覚太郎、片山捨吉であった。


三日後の十一月二十二日、小山太郎が小諸銀行に小林市之助を訪ねている。熊二の依頼で、塾舎建築費寄付者に対する義塾引継事後承諾請求書を渡すためだった。この事後承諾書の件は、弁護士の立川が指示したものであろう。二十九日、小諸義塾の引き渡しが行われたが、立川が参加できないので、代わりに小林が立ち会い、熊二への九百円は小林が預かって受け取り、捺印した。

ところが、十二月七日になって、義塾の塾舎建築寄付者の有志たちから、自分たちに無断で町へ引き継ぐことに対しての抗議があったという。島田常蔵、掛川周三、大塚宗二、塩川賢三等の主張であった。

明治二十九年（一八九六）に建てられた洋風の二階建本館の建築費への寄付は八百円にも及

んでいた。既に述べたように、個々の寄付額は島田常蔵九十円、掛川利兵衛七十五円、大塚宗助六十円。このほかに塩川幸次郎が三十五円の寄付だった。

最高額を出した島田常蔵は、明治三十三年十二月七日に没していて、抗議メンバーの島田常蔵は同姓同名だが、息子である。掛川周三は掛川利兵衛の五女の養子婿、大塚宗二は大塚宗助の跡継ぎ、塩川賢三は塩川幸次郎の息子だと思われる。ということは、異議申し立ての人々は、寄付金拠出者当人ではなく、その二代目たちなのである。

先代が持っていた志と、その跡取りの思いとは、微妙な違いがあるのだろうが、その抗議する気持ちは理解できない訳ではない。事前に話があるべきだというのだろう。弁護士の立川は、こういうことを見越して、事後承諾請求書を用意させたのだと思われる。

寄付した人たちの立場で考えれば、町の青年たちの教育のために金を出したのに、その塾舎を勝手に町に売り渡し、売却金が木村熊二に渡されるということは、納得のいかないことであったに違いない。あるいは、有志者側の人たちは、あくまで熊二擁護のために、異議を唱えたのかもしれない。いずれにしても寄付者側の言い分には一理ある。

こうした抗議の声を受けてか、十二月九日、町議会が召集され、いろいろと討議された。小山太郎日記にはこう記されている。

「十二月九日　町会召集、木村先生へ交付の報酬名目を金二百円二階建校舎買入費、六百円

器具買収費に、更に変更して器具買得費九百円として議決、一時公借支出の事とす。」

この決定は、十日後の町議会でさらに変更され、教育費剰余金より支出することに決まった。熊二に渡す九百円の金について、諸説入り乱れ紛糾している様子がうかがえる。

明治三十九年（一九〇六）一月十五日、町の協議会で、小諸義塾を小諸商工学校に変更することが確定する。熊二は日記に「井底の痴蛙《ちあ》その為す処常に如斯《かくのごとし》可嘆《なげくべき》なり」と書いた。井戸の底にいる愚かな蛙《かえる》は、外の広い世界を知らないので、そのなすところは自分の狭い世界にしか通じないことばかり、悲しむべきことだというのである。小諸義塾と対立する人たちへの痛烈な批判である。

一月二十四日の町議会で、小諸実業補習学校を廃止し、小諸商工学校が設立されることが可決された。小諸実業補習学校は明治三十三年十一月に設立され、翌三十四年三月からは、小諸小学校長・佐藤寅太郎が校長を兼任していた。

一月二十五日、町長や町会議員が小諸義塾を訪れ、生徒たちに義塾が変更されることを報告、説明した。

それを受け、翌二十六日、熊二は塾長として、生徒たちに義塾の過去のことや、これからのことについて話す。木村日記によれば、この日は「寒威凛烈《りんれつ》」の金曜日だった。このとき、生徒は一年生二十九人、二年生十四人、三年生八人、四年生四人の計五十五人であった。

一月二十九日の日記に、熊二は次のように書いた。

「日曜日　曇天　義塾へ出席　教員諸氏役場へ書面を出す　角権氏を訪問　人は自ら建築し自ら破壊するはよし　人の建築を羨んで百方詐術を構へ終に敗頽《はいたい》に至らしむるを以て快よしとし或は自ら掠奪策を企る人は鄙《いやし》むへき人なり　教育者にして如斯《かくのごとき》人あるは可歎《なげくべき》事なり」

自分で創ったものを自分で壊すのはよいが、人の創ったものをうらやましく思い、それを、策略をもって失敗させたり、また、それを奪い取ろうとする者は卑しい人だ、というのである。教育者でこんな人がいるとは悲しむべきことだと記した時、熊二の脳裏には誰の顔が浮かんでいたのだろうか。

二月二十日、義塾へ町長や助役等が来て、義塾の今後について熊二たちと話し合い、残務を鮫島晋に引き継いだ。こうして、熊二が十年以上にわたって心をくだいた小諸義塾も、ついに終焉を迎えてしまったのである。

一月二十九日の木村日記に「教員諸氏役場へ書面を出す」とあったのは、鮫島たちが小諸商工学校にそのまま異動した形で残留することを意味していたのだろう。しかし、事はそう簡単に運ばなかった。

三月二十七日、熊二宅を鮫島と渡辺寿が訪問し、小諸商工学校についての不満をあれこれとぶちまけたのだ。鮫島たちは、商工学校の経営に積極的に加わるつもりでいたようだが、町当局は、すべてを兼任校長の佐藤寅太郎に委任し、鮫島たちには単に一教員としての仕事しか与えなかった。事前の町側の話とは違っていたのだろう。

結局、鮫島たちは一年で商工学校から離れる。おそらく、教育理念が佐藤とは根本的に異なっていて、対立せざるを得なくなったのだと思われる。あとに残ったのは、争いを好まない静かな植物学者の土屋七郎だけだった。

この頃の義塾の顚末を、藤村は三年後に出したエッセイ集『新片町より』の中で、振り返って書いている。


「八年の間、私は地方に於ける教育事業の困難を目撃した。私が小諸義塾を弔うの不幸に逢ったのは、山を下りて一年ばかり経った時であった。塾長にして創立者たる木村先生、其他同志者が、地方青年の為に尽そうとして、結局事業を葬るに至った其志は実に憐むべきものがある。井出先生は私が小諸に居るうちに亡くなられた。今では皆《みん》なちりぢりばらばらに成った。各自《めいめい》志す方へ別れて行って了《しま》った。木村先生は長野へ、鮫島先生は高崎へ、渡辺君は亜米利加《アメリカ》へ、丸山君と私とは東京へ移った。あの時分の同志者で、小諸に残って居られる人はただ土屋君が一人あるだけだ。」（「浅間の麓」）

こうして、地方の青年教育にかけたサムライたちの夢はくだけ散った。熊二が小諸を去る三月三十一日が、その終焉の日となった。

小諸義塾創立委員の代表的人物、小山太郎と、塾長木村熊二の日記を並べ、小諸義塾との別れとしよう。

小山太郎日記

「小諸義塾設立以来青年教育十三年、女子学習舎を起し女子教育にも尽し、洋桃栽培、缶詰事業を奨励するなど地方の恩師たりしも遂にその容るゝ処とならず木村熊二先生当町を辞し二番列車にて長野市へ去る。小諸駅見送人の重なる顔触《かおぶれ》、小山久左衛門、平野五兵衛、小山太郎。其他に見受る人なし。澆季《ぎょうき》の世也」

「澆季」の「澆」は軽薄、「季」は末の意で、道徳が衰え、乱れた世をいうことばである。太郎の嘆きは深い。彼はこのとき三十五歳だった。

木村熊二日記

「午前十時小諸町を出発　別を送る者　甚《はなはだ》多し　小山久左衛門氏厚意可謝也《しゃすべきなり》　十二時過長野市へ着　スカッダー 并《ならびに》 教会員停車場に迎接す」

小山日記に比べると、木村日記はあっさりとしている。前日に、懐古園で世話になった人たちへの感謝の会を開いたからだろうか。

木村が特に謝意を表明している小山久左衛門は、製糸場純水館を創立した実業家だが、代々社会事業に尽くした家の当主として、小諸義塾や女子学習舎を後援していた。衆参の両院議員をつとめ、自民党顧問にもなった小山邦太郎、洋画家で文化勲章を受章した小山敬三は、その子息である。

小諸義塾が閉じられた原因は何だったのか。小山太郎は五つの原因をあげている。

一　町立中学となって、私塾の本旨を失いたること。

二　キリスト教学校と誤認せられ、小学教育界の反目に出でしこと。

三　町会議員の教育に無智なること。

四　女子学習舎を併置したること。

五　役場吏員の多数は存続に反対し居ること。

これは、林勇の『私立小諸義塾沿革誌』からの引用であるが、この本の中で林勇が指摘しているように、小諸義塾は私立であって町立ではない。ただ「一　町立中学となって」とあるのは、義塾が町から高額の補助金をもらっていることや、明治三十二年の小諸町議会における町立中学校設置決議がなされていることを考えると、全くの誤認ということではないだろう。

また、義塾の卒業生で医学士となった武重薫は「小諸義塾に就いて」というラジオ講演の中で次のように語っている。

「明治三十九年小諸義塾も愈々《いよいよ》廃止の期が来《きた》りました。それは義塾が益々《ますます》盛大になりまして、財政的膨張を来したのですが、此膨張が遂に財政難に陥らしめたのであります。一面から見まするを木村塾長は寡欲恬淡《かよくてんたん》にして創業の人ではあるが、守成の人ではなかったとも云《い》ってるのでした。

もう一つの大きな原因は統制教育主義の一つのシステムに当嵌《あては》めずには置かないと云う様な風潮が自由主義なる私塾の存在を異端視して、圧迫を加えたと云う事実がありはしないかと思うのであります。」

武重は熊二について「寡欲恬淡」と言っているが、この欲がなくあっさりとした彼の性格は、物事を簡単に投げ出すことにもつながっているようである。

明治三十九年の二月二十日、熊二は小諸義塾の塾主を解任されているが、同二十八日には小山太郎に、塾頭を罷免されたので、三月までの俸給がもらえるよう役場と交渉してくれと頼んでいる。欲がないとはいっても、熊二にはこのとき幼い子どもたちが四人もいたのだから、恬淡としてばかりはいられなかったのだろう。が、面倒なことは自分ではやらず、人任せにするのである。

それでも熊二は、三月十四日に役場へ行って義塾のもめごとを話し合うが、役場職員の対応に腹を立てたのか「小人心裏鄙陋《しんりひろう》〔心の中が卑しく、程度が低い〕」と日記に書いている。さらに「万事小山太郎氏へ託せしに付　同志へ談判すべしと陳《の》べ彼等を避けたり」とつけ加えている。熊二のこの態度は、役場の職員から見れば、いい気なものだと言うしかないだろう。すぐに投げ出すのは、熊二の悪い癖である。

しかし、熊二が創業の人だというのは、誰もが認めるところである。藤村は『貧しい理学士』の中で、熊二を「桜井先生」として、こう書いている。

「私に言わせると、桜井先生は播種者《たねまき》です。桜井先生が十年の余もかかって山の上に種を播いたその眼に見えない骨折は何程のものとも言えますまい。あの年とった播種者が播いた種は、佐久地方の青年の心にこぼれたばかりでなく、守山の桃畠にもこぼれ、中棚の鉱泉地にもこぼれ、多くの人の家庭にもこぼれ、どうかすると小諸の町役場にまでこぼれたと言います。けれども桜井先生は面倒臭い収穫《とりいれ》に適する人とは思われません。そう思って見ると、正木先生〔井出静〕が亡くなる時分には最早《もはや》桜井先生も義塾の仕事に草臥《くたび》れたのではないのでしょうか。」

小諸駅南側にある小諸義塾跡の石碑。閉塾から82年後の昭和63年（1988）に建てられた

藤村が言うように、熊二の人生は種まきの人生であった。彼のまいた種は、百年たった今でも、そして遠い将来においても、芽を出してくるだろう。芽生えに必要な水分と陽光は、こちら側の問題である。

現在の小諸市は、熊二が学んだアメリカ・ミシガン州ハーランドと提携し、中学生の短期留学を行っている。これも、熊二のまいた種が芽生えたものだと言ってよいのかもしれない。

島崎藤村と冬が暮らした、かつての馬場裏に残るゆかりの井戸（小諸市大手）

第九章 その後の教師たち

郷土（日向平）　木炭・明治37年

島崎藤村と鮫島晋

小諸義塾が廃塾に向かって動き出していた頃、東京で島崎藤村の『破戒』の清書と出版の準備は着々と進んでいた。

明治三十九年（一九〇六）一月二十二日、藤村は『破戒』出版に関する明細書を志賀村の神津猛に送り、さらに百八十円の借用を依頼している。出版費用は、函館の岳父・秦慶治に四百円援助してもらい、それで賄えるはずだったが、結局五百十六円十一銭かかることになり、四百円の一部は生活費に充てざるを得なかったので、二月末までに、あと百八十円がどうしても必要になったというのである。

神津は、この身勝手な申し出に応えた。藤村の三女・縫子の死去の際に、神津は六十円の追加援助をしていたので、これで合計三百九十円となり、藤村が最初に頼んだ四百円に近い金を援助したことになる。神津の藤村への友情は厚かったのである。

三月八日、『破戒』の清書が終わった。あとは出版を待つばかりとなり、藤村は、その喜びをまたハガキに書いて神津に送った。そして三月の二十五日、ようやく『破戒』は自費出版された。その冒頭に、藤村は、岳父と神津に対する感謝の辞を書きつけた。

この書の世に出づるにいたりたるは、函館にある秦慶治氏、及び信濃にある神津猛氏のたまものなり。労作終るの日にあたりて、このものがたりを二人の恩人のまへにさゝぐ。

『破戒』の出版は好評だった。たちまち版を重ね、多くの書評が新聞、雑誌に載った。評論家の島村抱月は「『破戒』はたしかに我が文壇に於ける近来の新発見である。予は此の作に対して、小説壇が始めて更に新しい回転期に達したことを感ずるの情に堪えぬ。……予は此の作に満腔の敬意を捧ぐるに躊躇しない。『破戒』はたしかに近来の大作である」と激賞した。夏目漱石も、知

『破戒』の初版本（小諸市立藤村記念館蔵）

人に宛てた手紙の中で、この作品を褒めている。

神津猛のもとへは、書店発売の前に三冊が特別に送られてきた。彼は、それを夜の八時から午前二時までかかって一気に読了している。神津の心も、言葉にならない感激で一杯だったに違いない。

七月十日には、藤村の若い友人・小山内薫が『破戒』を脚色し、上演した。本の方も四版を重ね、藤村の長い間の労は報われた。『破戒』は大成功だった。

しかし、一方では、不幸が立て続けに藤村を襲っていた。四月七日に次女孝子が急性腸カタルで死去し、六月十二日には、長女みどりが麻疹《はしか》のあと結核性脳膜炎で亡くなってしまったのである。妻の冬も、鳥目になって藤村を心配させた。『破戒』の完成は、三人の娘の命と引き換えにもたらされたようなものだった。上京してからの生活を極端に切り詰めたことが、娘たちの死につながっていたのかもしれない。

この頃、藤村と神津は絶え間なく手紙やハガキのやりとりをした。八月十五日の手紙に、藤村は率直な気持ちを明かしている。新しい仕事のために西欧の作家のものを読んでいることや、『破戒』の劇についての感想を述べたあとに、藤村はこう書いた。

「斯《こ》ういううちにも小女等の死の為にうけた打撃は、長く小生の頭脳を悩ましました。お恥かしいお話ですが、茫然として送り過した日も多かったのです。一時は自分ながら病気と思う位で、万事を放擲し、読書も廃し、それに抵抗しようとして盛んに運動などをつとめました。悲哀は単純で一時のものでしたが、その為に受けた打撃は筆紙に尽されません。斯ういう場合に、精神的に死する親も多かろうと思うのです。幸に小生は回復したのでした。今はもう精神も明かで、新たに生涯の旅を始めて居るのですから安心して下さい。」

三人の娘の死が藤村に与えた打撃は、あまりに強烈だった。このとき、神津猛の物心両面の援助がなかったら、藤村はくずおれてしまうおそれがあった。二十四歳の神津は、藤村を支えた精神の大黒柱であったといっても過言ではない。

この明治三十九年に、藤村が神津に出した手紙は十通、ハガキは二十二通で、合わせて三十二通にも及んでいる。神津の方もかなりの数の便りを出していたはずで、二人の心の結びつきは、それほど強く深いものがあった。この年の田山花袋への便りは、ハガキ五通、手紙一通、小山内薫へは、ハガキ四通、手紙一通だったことを考えると、この頃の藤村が、いかに神津に頼っていたかがうかがえるのである。

亡くなった三人の娘の記憶が残る西大久保の借家から、藤村は十月二日、浅草の新片町へ引っ越した。転居通知のハガキの六日後に、藤村は「今回転居しました処は、丁度小諸でいうと馬場裏の如き位置で都会を学ぶによき場所かと考え、試みに引移って見たのです」と神津に伝

大正６年（1917）、小諸を再訪した島崎藤村を囲むゆかりの人々。右から２人目が神津猛（小諸市立藤村記念館提供）

えている。

それから一ヶ月後の十一月二日、藤村は花袋と共に神津の赤壁屋敷を訪れ、翌三日には小諸から鮫島晋もやって来た。新しい職場で腐っていた鮫島にとって、藤村と再会することはどれほど心躍る喜びであったことか。

鮫島は藤村に小諸行を勧めるが、藤村は二泊で帰る予定だからと言って断っている。それなのに、藤村は四日の午前中、ブラブラ歩いて佐久の高原風景を楽しんだあと、馬車に乗って御代田の駅へ向かった。そして十二時半に着いたとき、下りの小諸までの切符を買おうとする鮫島を引きとめて、上りで群馬・安中の磯部まで一緒に行こうと誘った。

上り列車には一時間半もあったので、追分まで馬車で往復しようということになり、旅館の油屋などを見学して遊んだ。時間がなくなって大急ぎで馬車を飛ばすと、御代田駅にはもう汽車が着いていて、あわてて乗り込み、一行は磯部まで同行する。磯部の三景楼という宿で入浴して夕食、藤村と田山花袋はそのままそこで一泊。神津や鮫島たちは、七時七分の汽車で眠って帰った。（並木張氏『島崎藤村と小諸』）

二泊しかできないという藤村は、たっぷり遊んで三泊した。ということは、藤村の心の中には、小諸行を嫌う何かがあったと考えるしかない。

この後も、藤村は小諸に行くことを極力避けていたようで、昭和四年（一九二九）に、懐古園にできた「千曲川旅情のうた」の詩碑を見るため小諸に赴いた際にも、まるで隠密行の訪問だった。その理由はわからないが、小諸に対するこだわりが藤村にあったことは間違いない。小諸に「教師として行き、生徒として帰った」と書き、「小諸は私の一生に取って忘れることの出来ない土地だ」（「浅間の麓」）と記す藤村であるのに、小諸の地をできるだけ避けようとしていたのは、どういう心の動きによるのであろうか。

神津猛と藤村の交友は、明治四十年（一九〇七）になると、一層の深みを増していく。一月十六日、二十五歳の若き父親である神津は、生まれて間もない四男を失う。さらにその一ヶ月余り後の二月二十七日、三歳になろうとしていた三男が亡くなった。脳に障害を持っていた子の死だった。

神津は、藤村と同様の哀しみに耐えたのである。藤村はハガキや手紙で神津を慰めた。その後、神津は銀行に勤め始める。藤村は「御役人とは甚だめづらしく、聞え申候」と手紙に書き、神津の新しい仕事を祝福し励ましている。

七月九日、藤村は神津から頼まれていた電鈴器と電池を、説明書付きの手紙とともに送った。おそらく、佐久地方で最初のベルだったのではなかろうか。

九月七日には、柳田国男が赤壁の屋敷を訪れ一泊した。勿論、藤村の紹介であった。

昭和に入ってすぐの経済恐慌で、銀行業に就いていた神津は破産の憂き目に遭うのだが、それはまた別の物語であり、ここには書き切れないことである。

島崎藤村という小説家は、神津猛の友情と財力に支えられて世に出た、このことは確かである。そして藤村は、神津への感謝の言葉を、『芽生』『家』『突貫』『新生』の中に、また『新片町より』『市生にありて』『海へ』『桃の雫』等のエッセイ集の中に、繰り返し繰り返し書き続けた。

さらに藤村は、資金援助をしてくれた二人の恩人に、毛筆で書いた自筆の原稿を二つの本にしてのちに贈っている。初稿は函館の岳父・秦慶治に、『破戒』の校正中に改めて書いたものを神津に。

※

小諸商工学校に残った鮫島晋は、一年でそこを去り、明治四十年の五月に一家で上京した。このとき鮫島家は、小諸で増えた女の子と男の子を加えて、三男四女の九人家族となっていた。鮫島は五十五歳であった。

大家族を支えるため、鮫島の奮闘は続く。まず、東京に家族を残し単身で群馬県の前橋に行き、私塾を設立する。が、この前橋義塾も二年後には後継者に一任し、奈良県の私立中学校・文武館の数学科教諭として単身赴任した。

この文武館は、駅から二十里（約八十キロ）も歩かねばならず、河川が氾濫したときなどは学校と人里との往来が絶えてしまうような辺鄙な山深い所にあった。しかも、学校の職員も生徒も自炊という珍しい学校だった。

こういう不便な学校へ、理学士の鮫島晋がわざわざ出かけていったのは、どんな理由があったのか。鮫島は東京大学の紀要に、フランス語で数学の論文を書いたこともあった。そんな鮫島が、山の奥深くにある学校を職場に選んだのはなぜなのか。

鮫島は、この学校の数学科主任として招かれたらしい。この時代、理学士の数は少なくて、引く手あまたの状態だったが、それでも彼は他の学校を選ばずに、この私立学校を自分の職場とした。どうやら鮫島は、理学普及の夢にとりつかれていたようで、それも官の力によるのではない、民の力、即ちワタクシの力による理数学の普及を夢見ていたと考えてもよいのだろう。

東京大学の仲間と一緒につくった物理学校、その小さなものを日本全国に広げていきたい。それが無理なら、自分一人が物理学校の分校となろう、そんなふうに彼は考えたのではないのか。しかしそれは、富国強兵と立身出世がようやく定着してきた当時の日本において、理解されにくいものだった。だから鮫島は、時に酒に溺れた。少年の純な心をいつまでも失わなかった鮫島にとって、ほかによい方法はなかったのだろう。理想に鷲づかみにされた人間の精神は、周りの人々には常に不思議に見えるものなのである。

キリスト教の伝道師が福音を広めるために、どんな困難にもめげず、どこへでも出かけていったように、鮫島は理学普及のためなら喜んでどこへでも赴任していったのだ。山深い所にあった文武館は、幕末の元治元年（一八六四）に、中沼了三が創設した私立学校で、現在は奈良県立十津川高等学校となっている。

沼隆三氏の「流離《さすらい》の鮫嶋晋先生」によれば、中沼は孝明天皇の儒官となった儒学者で、鳥羽伏見の戦いに従軍。明治二年（一八六九）、明治天皇の侍講となり、明治三年には、幕府直轄の学問所・昌平黌《しょうへいこう》の流れをくむ昌平学校の一等教授となった、当時を代表する漢学者だった。

その中沼が創立した文武館は十津川村にあったのだが、この十津川という地は特別な場所で、古代から朝廷への忠勤によって租税を免除されてきたと伝えられ、太閤検地のときにも千石が赦免地となり、江戸時代には天領となったが、やはり年貢は免除されていた。幕末の尊王攘夷運動の中で、十津川郷を再び朝廷の直轄地にしようという有志たちが、文久三年（一八六三）「由緒復興」の請願書を中川宮に差し出すが、その仲介役となったのが中沼だった。

翌元治元年、文武館は十津川郷の郷学として、寺を借りて開設された。生徒は五十九ヶ村から一名ずつが選ばれ、郷費生として教育された。これは、鮫島がフランス語で物理を学ぶきっかけとなった貢進生制度に近い。郷費生は貢進生のミニ版である。文武館のこんな由緒が、鮫島の関心を強く引きつけたのかもしれない。

また、中沼と木村熊二には儒学を通じた共通点があり、二人とも昌平学校と関わりを持っている。熊二の方はあくまで幕臣としての生き方を貫いたが、中沼もまた勤皇の精神を持って生涯を全うした。二人は反対の方向に歩いていったが、その精神と生きざまはよく似ている。こういう点も、鮫島の気をそそったのかもしれない。

こうして鮫島は、仙境のような深山の中の学校で三年教えた。そして、明治四十五年（一九一二）四月には広島県の私立明道中学の教諭となり、さらに西へと動いていく。このとき彼はもう六十歳、還暦を迎えていた。

この明道中学は、九州・四国や中国地方の中学校を、喧嘩《けんか》のためにやめさせられた生徒たちが、やっと最後に辿《たど》りつける中学で、硬派の不良中学生を救済するためにつくられたような学校だった。年中、生徒間で決闘している殺伐とした校風だったという。だから、徴兵猶予の特例もなく、中学校の校を取って、ただ「中学」とだけ称している特別の学校だったらしい。そんな学校へ、老体をひきずって、鮫島は赴任していったのである。（水野永一氏「島崎藤村と理学士鮫島晋（三）」）

理学普及の伝道師は、どこへでも行く。しかし、ここの生徒たちにはさすがに手こずったようで、鮫島は明道中学を一年で辞め、翌年の大正二年（一九一三）には、長崎県の私立平戸女学校教諭となった。

この平戸の地には、明治十八年（一八八五）に結成した東京物理学校維持同盟の同志、桐山篤三郎《とくさぶろう》が猶興館《ゆうこうかん》の校長として赴任していたことがあったから、平戸女学校の評判はそれとなく鮫島の耳に入っていたのかもしれない。バンカラな男子校から女学校への異動は、年老いた鮫島の身になってみると、よく理解できる。が、沼隆三氏は「鮫島の平戸女学校赴任は日本における洋学の原点の地・平戸を是非見ておきたいという気持ちからであっただろう」と書いている。

この平戸女学校は、鮫島赴任の五ヶ月後に高等女学校となったが、鮫島は、ここを大正四年（一九一五）九月に依願退職。二年半の勤務だった。六十三歳になり、転勤の連続でさすがに疲れがたまってきたのだろう。東京に帰って二年後の大正六年十二月九日に亡くなった。六十五年の生涯であった。

鮫島の葬儀に、木村熊二は参列したが、島崎藤村は胃腸をひどくこわしていて、代理人を送った。しかし、その代理人が会場に着いたのは、出棺後であった。

渡辺寿と丸山晩霞

渡辺寿《ひさし》。結婚して佐野寿となったこの人も、小諸義塾が閉じられた後、小諸商工学校に鮫島晋と共に残ったが、鮫島と同様、一年で辞したようである。その後はアメリカに渡り、最初はユタ州オグデンに落ち着いたらしい。

明治四十三年（一九一〇）十二月二十九日に、内村鑑三がオグデンにいた同じキリスト者の岩本信二に宛てた手紙の中で、「渡辺寿君の御地に来《きた》りしを知り、非常に嬉しく感じ申候。同君は実に好個の人物に有之《これあり》、同君の到る所に小生の友人の集合の成るは、今日までの例則に有之候。同君をオグデンに導きしは、全く神の聖事《みわざ》と存候。君は同君に於て終生の友人を得らる事と存候。オグデンは自今特に小生の愛を惹《ひ》く所と相成るべく候」と書いている。

内村鑑三は真実の信仰の人だったが、人を見る眼は実に厳しく冷静で、常にその人物の本質を見抜いていた。近代人、特に俊才を信用しなかった内村は、自分のところへ近づいて来る人物に対しても、鋭い批評を放っていた。例えば、後に東大総長となった矢内原忠雄の著書に寄せた文章の中に「君は近代人の所謂《いわゆる》俊才の一人であって通則に従えば一度びは基督教を信じて早くすでにこれを捨てるべき人である。しかるに君は未だ基督教を捨てず」等と平然と書くような人だった。彼は、ウソを言わないばかりでなく、お世辞に近い甘言など決して口にしない人だった。
　こういう内村が、渡辺に対しては「実に好個の人物」と書くのだから、内村は渡辺のことを心から信頼していたと言ってもよいのだろう。渡辺も、内村の信頼を一生裏切らなかった。

渡辺寿
（小諸市立藤村記念館提供）

　渡辺はやがて妻をオグデンに呼び寄せ、二人で暮らし始めるが、少し健康を損ねて、カリフォルニア州のバークレーというところに移り、養鶏の仕事に就いている。二千羽以上の鶏を飼っていたらしい。そんな旧友に、島崎藤村は次のような便りを出して励ました。

「君が今鶏を飼うということは君が目的の手段で今仕《し》て居る事は真の目的でない様に考えられるかも知れないが、目的とする事と今日する事とを分けて考えずに、其の日其の日に自分の思想を充実させると云う風にしたら奈何《どう》かね。」（「文学談片」）

　要するに、目的と今の仕事とを分けて考えると、本来の目的ではない、軽く考えている今日の仕事に支配され、悲惨な感じになってくると忠告しているのだ。

ある目的を達成させるために、違う仕事をするような生き方はよくないので、例えば画家のミレーのような生き方がいい、と藤村は言う。農民の生活を描いた田園画家のミレーは、農民になるのは目的でなく、画《え》を描くのが目的だ、とは考えなかった。他の農民と一緒に働く生活を通して自然の意味を学び、汗を流して大地と格闘するところからミレーの絵画が生まれてきたのだと、藤村は友人に伝えている。鶏を飼うことは面白い、鶏から学んだらいいだろう―これが藤村の遠い異国にいる学友への励ましであった。

渡辺は、このあともバークレーに住み続け、敬虔なクリスチャンとして生きた。内村鑑三との親交も、生涯変わらなかった。

昭和三年（一九二八）二月八日の日記に、内村は「夜は、二十年間、加州バークレーに在住せし旧《ふる》き信仰の友なる信州小諸町の佐野寿君夫婦の訪問を受け、一別以来、有りし事について語り合いて楽しき時を過ごした。変わらざる友は幾年経っても変わらない。かくして天国まで同行するのであろう」と書き、旧交を温めた一晩の団欒《だんらん》を喜んでいる。

この昭和三年の十二月二十五日、劇作家の小山内《おさない》薫が四十七歳の若さで亡くなった。動脈硬化による脳梗塞であった。既に述べたように、小山内は若い頃、詩人の藤村に憧れ、小諸の渡辺寿の家に長逗留したことがあった。新婚ほやほやの家庭に滞在して、それから藤村との親交が始まったのである。
小山内の早すぎる死に対して、藤村は翌年の一月六日、『読売新聞』に「小山内薫君」という談話を寄せ、その中でこう語っている。

「一体小山内君は人の中へでも入ってゆかれるような不思議なところがありました。それは誰とでも調子を合わせて行くような、八方美人ではなくて、寧ろその反対に、才能のある人にめずらしい誠実と情熱とを備えていた。殊にいろいろな性質の異った人でも理解すると云う、力があったからだと思う。その点が年とった者の友達にもなれたし、又若い者の友達にもなれたところだと思う。鈴木三重吉君の追憶の話の中には、最も早く夏目〔漱石〕さんの仕事を認めたと云うし、推賞したと云うのも、小山内君だと云うことが出ていたが、夏目さんに限らず国木田〔独歩〕君の仕事も、中沢臨川君のような人の仕事もほんとに、よく認めたようだし、森鷗外先生の事を書いた仕事にもかなり親しみを持っていた人のようです。あゝ云う風に全く傾向も気質も異った人に対して、それぞれいゝ理解を持っていたような人はめずらしい。

そう云うめずらしい性質を持った人が強い研究心と根気と天性の誠実を持って、君が好める劇の方に向ったと云うことは混沌とした劇団の為に幸福なことであったと思う、ロシヤの芸術座を初め、最近の劇の運動に理解を持ち、一方にはドイツに起りつゝあった劇の運動にも興味を持ち我国の古い歌舞伎まで見なおそうとすることなぞは小山内君にして初めて出来た。」

小山内の人柄を良く知る人の追悼の談話である。

一方、小山内の死の十二月二十五日、内村鑑三は日記にこう書いている。

「〇この夜、小山内薫氏の死を聞いて驚いた。氏もその青年時代においては熱心なる聖書研究会員の一人であった。されども夙《はや》く信仰と自分を離れ、背教者をもって自ら任じ、役者、芸人を友として、信仰の事はこれを小説を作るの材料と成すにすぎなかった。そして彼と共に自分の所に来たり、聖書を学んで、ついに信仰を離れた、いわゆる俊才はあまたある。小山内といい有島〔武郎〕といい、数え来たれば悲歎の種ならざるはない。彼らを思うたびごとに、日本現代の青年、ことに大学生らには、尊きキリストの福音は再び教えまじと思う。」

内村の感想は冷厳である。あまたの「俊才」を、彼は信用しなかった。

渡辺（佐野）寿は、「俊才」として生きなかった。「俊才」ならざる道を一徹に歩き通した。

その渡辺も、人としての悲哀を味わわねばならなかった。昭和四年の六月中旬、彼は安次夫人を失う。内村は「君に人生最大の苦痛の臨みし事を承わり、御同情に不堪《たえず》候。之を癒すに足るの言は、人間には無之候」と手紙にしたためて、古い信仰の友を思いやった。そして、内村も翌昭和五年三月二十八日に永眠した。宣教師としての仕事もした渡辺は、養老院に入り、九十歳で亡くなったという。

※

明治三十八年（一九〇五）の秋、藤村のあとを追うように東京へ出た丸山晩霞は、翌年の一月、大下藤次郎が中心となった水彩画講習所の開設に参画した。明治四十年五月、駒込神明町に家を新築、七月には『水彩画法　女性と趣味』を刊行、十月の第一回文展に「白馬の神苑」が入選する。また、水彩画講習所のアトリエが新築されると、講習所は日本水彩画会研究所と改称、晩霞はその主任教授となった。この頃が、水彩画家・丸山晩霞の絶頂だった。

この四年後の明治四十四年、大下藤次郎が、まだ四十一歳の若さで急逝する。小諸義塾の図画教師・三宅克己《こっき》の親友でもあった大下は、三十一歳の時、『水彩画の栞《しおり》』を刊行し、全国の青年たちに水彩画の魅力を伝えた。

水彩画の技法を丁寧に解説したこの本を、まだ東北や九州の郷里にいた萬《よろず》鉄五郎や坂本繁二郎が手に取り、絵画への夢をかきたてられたのである。この本はまさしく、水彩画愛好家たちのバイブルだった。また、大下が三十五歳で始めた美術雑誌『みづゑ』は、水彩画の普及に大きな力となっていった。こうして大下は、水彩画のために生き、水彩画のために死んだのである。

この大下亡きあと、研究所の指導者として期待されたのは、晩霞であった。が、彼は一年余りの第二回ヨーロッパ旅行から帰ったばかりで、大正一年（一九一二）十一月、帝国ホテルで滞欧記念展を開き、二五九点の作品を展示するなど、忙しい日々を送っていた。そのうえ、晩霞は研究所の経営に余り関心がなかったのか、水彩画会研究所はやがて解散せざるを得なくなってしまった。弟子の小山周次は、明治四十四年に研究所の幹事となったばかりだったが、師の晩霞が経営に無関心であることに対して、複雑な思いを抱いたようだ。

大正時代に入ると、水彩画ブームも次第に下火となっていくが、晩霞はその後も水彩画を描き続け、昭和十一年（一九三六）四月、六十九歳の時に郷里の祢津（根津）村にアトリエ羽衣荘を新築し、そこで亡くなった。七十四歳だった。

一方、小山周次の方は、大正四年に閉鎖となった研究所を、翌年には日本水彩画会仮研究所として再興し、その実務上の中心者として働いた。温和で実直な周次は、裏方の仕事にもよく尽している。

結婚後、三十八歳のときに欧米旅行に出た周次は、アメリカのバークレーにいた小諸義塾の元教師・渡辺（佐野）寿宅に滞在中、五回目の海外旅行中だった三宅克己と偶然顔を合わせた。それから半年後、パリに渡ったとき、セーヌ河畔で写生している周次の背中を後ろから叩く者がいて、それが克己だった。周次はどんなに驚いたことだろうか。パリで周次は、克己のほかに坂本繁二郎、小山敬三、里見勝蔵、林倭衛《しずえ》、青山義雄らの案内で、パリの市内やバルビゾン村などに遊び、写生した。

その後の周次は、後身の育成に心を配り、私立成城学園高等科の美術教師として、若者たちのよき指導者としての仕事をした。成城学園は個性尊重の自由主義的な校風の私立学校であったから、小諸義塾で学んだ彼には働きやすい職場だったことだろう。芸術鑑賞を大切にする教育方針も周次を喜ばせたと思われる。世界的な音楽指揮者の小澤征爾や、小説家の大岡昇平、安部公房などが学んだ学園である。

周次は、師の晩霞について幾つかの文章を残しているが、敬愛の心を持ちつつも、芸術家らしい厳しい批評もしている。「丸山晩霞先生小伝」では次のように書く。

「第一次の欧米から帰朝後の三十五年に太平洋第一回展に出品した『森のもれ日』、『初冬の朝』、『野末の流れ』等の諸作は私が内弟子として先生の許《もと》に住込んでいた頃の作で私には生涯忘れ得ない懐しい作品である。その頃の自然鑑賞には明らかに三宅画伯のものと共通する或る影響のあることが見逃がせないであろう。田園画家としてミレーの如く純朴に沈潜しようと努力した跡がまざまざと偲ばれる。

明治三十八年の秋、田園から帝都の生活に移ったことを先生自身は『出楽園』と自称するがそれは正に『失楽園』に相当することを其後の先生の作品が明らかに物語っている。

（中略）

大正以後の先生の画業には以前に見るような自然に対して食い下《さが》るという求心的で熱烈な精進と気魄とが失せてその代りに特殊な趣味と惰性とで作画する遠心的な習慣が生じてそれが先生の後半生を支配した。それらは第一義的な芸術価の低下に反比例して加速度的に大衆向《むき》な商品価をば高騰させて行った。」

また、別の「丸山晩霞伝」の最後「八　あとがき」には、こんなふうに書いている。

「　思ふことはみんなやつて眠る桃の頃
これが丸山晩霞の辞世の句であった。さらにその人生観でもあった。彼はその一生を通じて我《わ》が儘《まま》我執を強硬に押し通して悔いる処なく、むしろ大満足の裡《うち》に往生を遂げたかに見える。
家庭人として、また一個の社会人として彼は確かに幸福者であり成功者であった。人生の理想は真理の探究にあり、芸術家の目標は真実の創造にある。理想と現実とは必ずしも一致するものではない。この厳粛なる課題に対して彼は果たして最後まで本道を勇敢に歩み続けたであろうか。

唯我独尊の中には真の自由と平和とはあり得ない。小我に発した不平と不満とは不断に爆発して彼を無反省の奴隷と化し、中途にして彼を横道に反転せしめてしまった。彼はその辞世の如くに徒《いたず》らに外に向かって間口を拡げ、行くとして可ならざるなしの概《おもむき》はあったが、内に向かって沈潜し深く掘り下げる内省の士ではなかった。彼は画壇に対する一種の『ひがみ』から、知らず知らずの中に迎合し煽動されて、あたかもアダムとイブの如くに楽園を追われたのであった。師を愛するが故に、余は深くこれを悲しむものである。」

周次は、美術家らしい鋭い眼で、師・晩霞の作品も人間も、またその生き方もはっきりと見ている。弟子にこのように批判されるのは、晩霞にとって、苦笑せざるを得ないところではあるまいか。あるいは本望か。

周次は、二十歳の時、内村鑑三の影響により、小諸教会で洗礼を受けた。クリスチャンとして、穏やかで着実な道を歩いた周次は、師・晩霞の、無理と野望と子どもっぽい功名心とを、あたたかく見抜いていたのである。

半田辰太郎と木村熊二

小諸義塾の教師には、卒業生で英語を一、二年教えた赤田五郎などもいたが、もう一人忘れてはならない人がいる。それは、義塾の小使い（用務主事）として長い間働いていた半田辰太郎、通称「辰《たつ》さん」である。塾長の木村熊二や塾主の井出静は「辰」と呼び捨てにしていたらしいが、島崎藤村や鮫島晋たちは「辰さん」と言って親しんでいた。

小作の辰さんは貧しい生活をしていて、義塾の月給もわずか六円に過ぎなかったが、年老いた養父と頬の紅い妻と子ども、それに弟と仲良く暮らしていた。辰さんは、義塾の教師たちの生活をいろいろと助けていて、熊二の畑に燕麦《からすむぎ》を作ったり、鮫島が熱中した朝顔の鉢を置く棚をつくってやったり、藤村の家に三尺四方の炉《いろり》を築いたりした。井出のところの畑も耕作し、それが縁で井出家のお手伝いさんだった人と夫婦になったらしい。

小諸では土に親しむ生活をしようと考えていた藤村は、特にこの小使いの世話になり、借家に隣接していた桑畑の整地の指導をしてもらったり、豆や馬鈴薯《じゃがいも》の作り方を習ったりしていた。藤村に鍬の持ち方を教えたのも辰さんである。

藤村は、馬籠の本陣・庄屋をつとめていた旧家に生まれたので、田舎育ちとはいっても、実際に土に触れた作業はしたことはなかった。そんな藤村が、家主から借りた桑畑の一部を野菜

小諸義塾の閉校前とみられる記念写真。左端で座るのが半田辰太郎。１人おいて大井小太郎らの顔もある（小諸市立藤村記念館提供）

畑にするのは大変なことだった。堅くなった土を掘り起こすことや、始末におえない雑草を抜き取ることなど、藤村にはウンザリする作業だった。

頭の中で考えたようには、手足は動かない。そんな藤村の悪戦苦闘する姿を、垣根の外からのぞいて「どうも、よく御精が出ます」とクスクス笑いながら冷やかしたのが、辰さんだった。これがきっかけで、辰さんは藤村の畑仕事の先生となったのである。

藤村はどうやら辰さんが好きだったようで、辰さんから、小作の納入の仕方など、様々なことを学び作品の中にそれを生かした。『千曲川のスケッチ』の中だけでも、辰さんは五回も登場しているが、「鉄砲虫」の中で「小さな御百姓なんつものは、春秋《はるあき》働いて、冬に成ればそれを食うだけのものでごわす。まるで鉄砲虫―食っては抜け、食っては抜け―」という辰さんのことばには、諦念の哲学を思わせる味わいがある。ちなみに「鉄砲虫」とは、木に穴をあけ、中に鉄砲玉のように入っているカミキリムシやタマムシの幼虫のことをいうのである。

藤村は小諸を去るとき、「いよいよ御別《おわか》れでごわすかナア」と挨拶にやってきた辰さんに、自分が使った鍬をあげている。藤村のせめてもの心尽くしだったのだろう。

閉塾後も辰さんは鉄砲虫のような生活を送っていたのだろうか。貧しくても何か温かいものの、人の心をホッとさせるようなものが、辰さんの生き方の中にある。

辰さんは、昭和十四年（一九三九）に七十九歳で亡くなったという。小さくて大きな人の一生だった。

※

木村熊二が小諸義塾の塾主を退いた明治三十九年（一九〇六）二月、東京の明治女学校でも変動があった。熊二から学校経営を引き継いだ巌本善治《いわもとよしはる》が、財政逼迫から校長を辞任していた。が、後任の校長による学校運営は好転することなく、明治四十一年十二月二十五日に最後の卒業式が行われ、二十三年続いた明治女学校も、ついに閉校となってしまった。

明治女学校は、キリスト教の理念による高等女子教育機関であったが、ミッション（伝道団）の資金に頼らず、日本人自身の手で経営していこうという学校だった。卒業生には、野上弥生子、羽仁もと子、相馬黒光《こっこう》（星良）、大塚楠緒子などがいて、明治の女子教育を考える際には、明治女学校をとりあげない訳にはいかない。けれども、日本人による、日本の女性のための学校は、失敗に終わってしまったのである。

明治女学校は独立独歩の精神によって行き詰まり、小諸義塾は町の援助によって独立運営ができなくなってしまった。理想的な学校教育と財政面でのやり繰りは、両立することの難しい厄介な問題である。これからもこの問題は、心ある教育者を悩ませ続けるであろうが、虚心に対処していく以外に良い方策はないと思われる。

さて、長野へ去った木村熊二は、その後どうなったのか。木村日記によれば、熊二は長野の教会と月五十円の俸給という契約をしたようだが、小諸義塾の月俸は五十五円だったから、月収は五円マイナスとなり、生活は一層苦しくなっていった。

熊二と隆《たか》との間には、信児、秀三、規矩の三人の男の子が生まれ、続いて美樹、恵の二人の女の子に恵まれたので、一家の生活は、かなり切り詰めたものにならざるを得なかったはずである。そのため隆は、上田女学校の英語教師の職に明治四十年から三年就いている。

木村夫婦には、さらに珠生、香芽という二人の女の子ができ、熊二が七十四歳の時に美都が生まれたが、この末子は肺炎で早世した。隆の方は、このとき、四十五歳である。二人とも頑健な体質ではなかったのに、これだけの子宝に恵まれたのは、信仰の力によるものであろう。二人の深い真実の信仰心は、彼らに強い生命の力を与えたのだ。

三男四女の子どもたちの養育費を捻出するために、隆は東京へ出稼ぎに行ったりして、家族と離れて生活しなければならない時期もあったようだ。その上、子どもたちは丈夫とはいえず、七人が代わるがわる病気になっているし、熊二や隆も体調の良くない日が多く、一家は悪戦苦闘の日々を送っていた。それでも、竹《たけ》という心やさしいお手伝いさんが子どもたちの世話をよくみてくれたので、貧しいながらも、明るく楽しい家族生活であったといってもいいのだろう。

また、熊二を敬愛する人たちが、木村一家を物心両面からよく助けている。小諸の中棚にあった熊二の別荘・水明楼は木村一家が続けて利用し、ある時期にはここに住みついていたこともあったので、小諸在住の義塾卒業生たちは、何かと熊二や家族たちの面倒を見ていたのである。

木村一家が東京に出ていってからも、義塾の卒業生たちの熊二への援助は変わらなかった。木村日記の中の卒業生たちの行動は、人の心を温かくさせるものがある。

小諸の歯科医・林幸一は熊二の歯を治療して金を受け取らなかった。医師の石塚兵吾と武重薫は熊二の身体を何度も治し、時々訪問しては無聊《ぶりょう》を慰めている。

晩年の熊二は多病の人で、痔や脱腸に苦しみ、リュウマチに悩まされ、睾丸炎になったり、のどや胃腸をよく痛めて往生しているが、そんな時、彼らは旧師を実に良く助けた。石塚は東京の熊二宅に現金を送ってもいる。

製糸業者で経済的に余裕のあった瀬下鉄太郎は、繰り返し送金し、熊二は大正八年（一九一九）十月二十五日の日記に「瀬下鉄君より五十円封入之書状を請取《うけとる》　同氏之厚意可謝也《しゃすべきなり》　塩川瀬下之両君は老生に同情し美樹入院之費用を助けらる　今日之世態人情の中に両氏の如き人あるは不思儀《ママ》の事と思ふ」と書いた。

さすがは小諸義塾の教え子たちである。小諸の小山英助も師をよく見舞い、金品を贈って熊二を喜ばせている。義塾創立委員の小山太郎のいとこでもある彼は、情の深い心やさしい人物だったのだろう。

東京にいた水彩画家の小山周次は、水彩画をプレゼントしたり、義塾卒業生たちの集まる浅間会で見舞金を徴収して熊二の窮状を救ったりしている。府立九中の名校長だった常田宗七は、東京の熊二宅をよく訪れ、話し込んでいたようだ。教育論を熱く語り合っていたのだろうか。

東京の千歳烏山に居た会社重役の平野英一郎は、金を贈って木村家の財政を助けた。明治薬

大正15年（1926）、木村熊二の死去前年の書（忍耐は練達を生ず）。新約聖書から引用されている（小諸義塾記念館蔵）

科大の初代学長となった恩田経介も熊二への金銭援助を惜しまなかった一人である。女子学習舎の数少ない卒業生たちも、熊二を慕い集まり援助した。

塩川孝吾、島田延次郎、柳沢早太、牧野康強や、その外の多くの卒業生たちが何かと心を配って旧師の熊二を支えていた。小諸義塾に注いだ熊二の情熱は、様々な形で熊二のもとに帰ってきたのである。小諸義塾はうらやましいほど良い学校だった。

島崎藤村を援助した神津猛は、熊二と隆の三番目の息子で商船学校に入った規矩の学費として、毎月十円ずつ送り続けた。

アメリカのホープ・カレッジの学友であり、熊二と同様、牧師になった大儀見元一郎とその家族、熊二の最初の妻・鐙《とう》の実家・田口家の人々、そして塩川、乗竹、丹羽、八角、京野、岡林、小沼、小林、児玉といった人々が木村家の周りにいて、熊二の病気を助け、子どもたちの成長を助け見守っていた。熊二は、やはり一個の人格者だった。その真っ直ぐな生き方は、心ある人たちをひき付けずにはおかなかったのだ。

また、熊二の実兄・桜井勉（熊一）も常に弟のことを心に置き、よく便りして励ましていた。兄との文通は、熊二をどれほど元気づけたことだろうか。

熊二の心を最後まで喜ばせたものに漢詩がある。あまり自由にならない金を工面して、詩林社に送り、詩誌を手にすることを楽しみにしていたようである。彼はいつまでも若々しい心を失うことなく、クリスチャンとしての生涯を生き切って、八十三歳で天上した。昭和二年（一九二七）三月一日のことだった。

それから四日後、内村鑑三は日記にこうしたためた。

「三月五日　土　雪　去る一日、木村熊二君、八十四歳〔数え年〕の高齢をもって永眠せられ、今日その葬儀が牛込教会において営まれたれば、自分も出席して、同君に対し敬意を表し、合わせて知人を代表して少しばかりの感想を述べた。しかし田村直臣君、田島進君らが故人に関する熱き心情を注がれし後であれば、自分の感想はまことに役目的に聞こえ、申しわけがなかった。なにしろ明治六年にキリスト信者に成られた人であって、わが国キリスト教界の長者であった。弘化に生まれて昭和に眠り、旧《ふる》き日本を新しき日本につなぐ功労者であった。」

木村熊二の十年忌を期して、記念のレリーフが、懐古園二之門跡の石垣に設置されることになった。小山周次、竹澤正武、恩田経介、武重薫、掛川清音、小山英助、石塚兵吾、清水喜元、林幸一、竹花三喜雄外四十四名の義塾卒業生たちによる発起だった。

熊二の肖像レリーフは、彫刻家・荻島安二が製作し、『我等の父木村熊二先生と旧小諸義塾の記念に』という碑文字は、島崎藤村が執筆することとなった。昭和十一年（一九三六）四月十九日の日曜日、午後二時より除幕式が挙行され、百数名が列席した。上田の医師遠藤鉄太郎、土屋七郎や大井小太郎の旧教師たちも集まった。三宅克己《こっき》は祝電を送ってきた。

島崎藤村は、「木村熊二翁の遺稿」という文章を寄せ、熊二と自分との関係について語り、熊二の六つの漢詩を紹介して、最後にこんなふうに書いている。

「わたしの眼に映る先生には完成というものがなかった。先生の長い生涯は大きな未完成のものとして残ったと言っていいような気がする。あれほど先生の望みをかけられた小諸義塾の教育事業も結局完成されずに終った。先生には常に初心にそむくの嘆きがあった。しかし、その全生涯を通して私学に終始されたことではあり、老い、痛み、衰うる年頃になっても飽くまで晩節を全うして行こうとせられたところに、先生の真面目《しんめんぼく》がある。先生がその生前に成し就げ得なかったものは、先生を記念するためにこの碑を建てようとする多くの旧《ふる》い弟子があって、必ずやその遺した志をうけつぐであろうと思う。」

木村熊二は、先生と呼ばれるにふさわしい人物であり、その人生は嘘のない誠実なものだった。彼が成し遂げられなかったことや、未完のまま残されたものは、将来の若い日本人たちがもう一度拾いあげ、完成に近づけていくであろう。

完全な人生、完全な仕事などというものはない。未完で不完全であることは、私たち人間の一つの宿命である。しかし、それこそが後世に勇気を与えるのだ。そこには精神のバトンタッチがある。それは、不完全な人間たちへの高貴な贈り物である。

終　章

小諸義塾に関する資料は、ほとんど残されていない。このことについて、小山周次編『小諸義塾と木村熊二先生』の中では次のように記されている。

「小諸義塾の書類及び印章等の一切は、小諸商工学校に引継の際、保科、伴野両氏の書簡中にも暗示さるるが如く、外部に在って、義塾打倒に策謀した一教育家の手により、信濃教育史中から、小諸義塾を抹殺する目的を以て、私かに、焼棄されたものであることを、当時の役場吏員として、其間の事情に精通する一古老は證言した。」

これは、たいへん残念なことであるが、小諸義塾の歴史については、林勇氏が『私立小諸義塾沿革誌』としてまとめられている。が、この本も現在では入手困難となっているので、拙著が、その代わりとなってくれることを願っている。

その『沿革誌』の中に、（附）として五項目が掲載されているので、最後に記録として残しておきたい。

（附）1 小諸義塾入学生徒数一覧

年度別	北佐久郡	小県郡	南佐久郡	その他	計
三十一	三九	一三	四	二	五八
三十二	三六	六	三	〇	四五
三十三	二八	一七	四	〇	四九
三十四	四七	八	八	六	六九
三十五	三九	一五	一	一	五六
三十六	二五	七	四	〇	三六
三十七	二一	七	一	三	三二
三十八	三〇	八	二	一	四一
計	二六五	八一	二七	一三	三八六

2　小諸義塾卒業生徒数一覧

年度別	北佐久郡	小県郡	南佐久郡	その他	計
三十三	一	二	○	○	三
三十四	六	一	一	一	九
三十五	四	一	○	○	五
三十六	三	二	一	一	七
三十七	七	一	○	○	八
三十八	三	一	○	○	四
計	二四	八	二	二	三六

3 各年収入金一覧

年度別	授業料 束脩	町費補助	郡費補助	寄附金	備考
	円	円	円	円	
三十一	一八一・五	六三六	一〇〇	二	東山深明氏寄
三十二	二七三・〇	一三〇〇	二〇〇	三・五〇	小山久左ヱ門氏四名寄
三十三	六一五・四五	一五〇〇	三〇〇		
三十四	一〇一六・〇	一三〇〇	五〇〇		
三十五	八九六・〇	一三〇〇	五〇〇		
三十六	九七八・七	一二〇〇	四〇〇		
三十七	八八一・六	一〇六二	三〇〇	二七二・三〇	職員一同寄
三十八	八二五・八	一二〇〇	三〇〇	五〇	神津猛氏寄
計	五七三八・〇五	九四九八	二六〇〇	三二七・八〇	

4　別途収入金一覧（建築に関するもの）

年度別	町費補助	寄附金	計	備考
	円	円	円	円
二十九		八〇〇	八〇〇	第一回建築費（二階建講堂）
三十一		五〇	五〇	第二回建築（平屋教室）
三十三	三五〇	一五〇	五〇〇	第三回建築（平屋教室）
三十四	五〇〇		五〇〇	第四回建築（平屋教室）
計	八五〇	一〇〇〇	一八五〇	

5　各年支出金一覧

年度別	俸給諸費	修繕費	備品費	雑費	計
	円	円	円	円	円
二十七	一二〇・〇〇〇		一〇・〇〇〇	七〇・〇〇〇	二〇〇・〇〇〇
二十八	一二〇・〇〇〇		一〇・〇〇〇	七〇・〇〇〇	二〇〇・〇〇〇
二十九	一八〇・〇〇〇		二〇・〇〇〇	一〇〇・〇〇〇	三〇〇・〇〇〇
三十	二四〇・〇〇〇		五〇・〇〇〇	一二六・四四八	四一六・四四八
三十一	五四〇・〇〇〇	一七四・九九五	四七・八七六	一九八・一三九	九六一・〇一〇
三十二	一三七八・〇〇〇	三三・四四五	九五・七六〇	一八八・二四二	一六九五・四四七
三十三	二三一八・二〇〇	二・七九〇	五四・〇二三	七〇・二七五	二二四五・二八七
三十四	二三四〇・〇〇〇	五五・〇〇〇	三七・一〇一	一六二・〇〇〇	二五九四・一〇一
三十五	二四一六・〇〇〇	九四・一八〇	八一・四九四	二〇九・四七六	二八〇一・七八〇
三十六	二二五六・〇〇〇	六〇・一九六	二二・一七〇	一五九・九八四	二四九八・三五〇
三十七	二三五五・〇〇〇	四六・七八二	五・〇〇〇	六五・〇〇〇	二四七一・七八二
三十八	二二〇四・〇〇〇	四〇・〇〇〇	四六・〇〇〇	一〇〇・〇〇〇	二三九〇・〇〇〇

本調査は誰の調査かは不明である。美濃判罫紙に立派な文字で書いてあるより察すれば、役場の誰かの仕事ではないかと思われる。本文の記述〔『沿革誌』の文章のこと〕と一致しない点もあるが、一応整って居るので附録とした。

終　章

解説

亀山　平九郎

時は明治の中頃、所は長野県小諸町。江戸文化がまだ残る地方都市に、後の世に名を残すような文化人たちが、不思議な縁で教師となり、「義塾」を建てる。しかし、彼らの努力もむなしく、「義塾」は教師たちの手から奪われてしまう。

教師の顔ぶれは、江戸の教育で育った元武士の軍人、元武士で、アメリカで学位を取ったクリスチャン、元武士でフランス語の堪能なエリート理学士。また、明治の学校制度で育った若い教師たちの中には、詩人、クリスチャン、欧米で修行した画家たち…。さらに、小諸小学校長の佐藤寅太郎、女子学習舎の木村隆と、申し分のない役者が勢ぞろいし、小諸町は教育をめぐり大きく揺れる。新しい日本を建設した時代ならではの痛快活劇、教育版「水滸伝」だ。

江戸から明治への激動は、教育の意味も激しく変えた。「小諸義塾」の教師たちも無論、例外ではなかった。世代によって「勉強」の意味が揺れ動いているように思われるのだ。

武家に生まれた木村熊二、鮫島晋、井出静らは、元号が明治になる頃には十代後半から二十代の年齢で、漢学を学び終え、儒教的精神によって一人格を形成している。熊二の最初の妻となる田口鐙も同様である。彼等は坂本龍馬や勝海舟のように、江戸までの日本文化・道徳を継承した伝統的日本人として、近代日本と向き合っている。

彼等よりおよそ二十歳若い島崎藤村、三宅克己らの世代は、福沢諭吉の『学問のすゝめ』が出版され、学制が公布された明治初期に生まれている。熊二と鐙との間にできた長男の祐吉や、小諸の好青年小山太郎、熊二の二番目の妻・華、三番目の妻・隆も同世代といえる。

当時、ベストセラーとなった『学問のすゝめ』初編（明治五年）の冒頭は、「天は人の上に人を造らず人の下に人を造らずと言えり」の名文句に続き、人は本来平等に生まれるのに、世の中にはなぜ貧富の差があるのか、と読者に問いかける。貧しい者の仕事は誰でもできる「やすき仕事」だから給金も安い。一方、富貴な人の仕事は責任の重い「むつかしき仕事」であり、当然給金も高い。そして「むつかしき仕事」のできる、できないの差は、ひとえに「学問の力」の有無である、と福沢は説く。

ここでいう「学問」とは、日本古来の和漢の学問ではない。福沢は、実用性に乏しい和漢の学は置いて、洋学を勧める。そして、無知蒙昧の江戸時代を一刻も早く脱却し、一人一人が高い意識を持った「国民国家」を形成するよう呼びかける。

「四民平等」の世となり身分社会がなくなった。勉強ができれば「出世」できる。先祖代々受け継いできた身分・職業からの解放と、学問で身を立てられる自由が与えられた、と人々は思ったに違いない。やがて学制公布。

この本では触れられていないが、島崎藤村は傾きつつある家の再興のために「一高」を、そしてその先にある「大学」を目指して勉強する。「立身出世」が目的だ。一族も期待したことだろう。三宅克己の父は、絵が大好きな息子に「一中」入学の夢を託す。

ここですこし考えてみたい…。

江戸時代の人々はなぜ勉強したのだろうか。あるいは、なぜ江戸時代の大人達は、子供達に勉強をさせたいと思ったのか。江戸の世は身分社会で、勉強と出世は関係ないのに、誰もが「寺子屋」や「私塾」、「藩校」に通い、孔子の『論語』をそらんじていた。

その答えは、木村熊二や井出静、鮫島晋の姿にあるように思われる。

三人はそれぞれ明治維新の混乱のさなか、幕府のため、藩のため、日本国のため、何より自分自身のため「義」を貫く。熊二は渡米し、英語とキリスト教、西洋文化を学ぶ。重厚な日本文化を学び切った熊二だからこそ、西洋のキリスト教文化を理解し、真の意味で「開化」したのだろう。鮫島晋もまた、西洋の「まね」ではなく、「個人の自由」と「物理学」を理解し、「近代日本人」として存在しえた。

西洋を能動的に理解し、取り入れられるのは、よほどの能力がなければなるまい。しかし、能力だけの問題ではない。キリスト教の精神と、クリスチャンの生きざまに感動し、フランスの近代自由思想に感銘を覚える人は、その胸中に明確な理想を持つ人であろう。儒学の理想は

「仁義」、人としての道。出世と関係なく、純粋に勉強を大事に思う伝統があったから、日本は、そして彼らは明治維新という困難を乗り越えられたのだろう。

そんな、明治の教育を担うべき彼らが、そろって明治政府に背を向けた。エリートの鮫島は、十年以上官立の学校で頑張ったが、結局「非職」の処分を受けた。やがて教育勅語が公布。

西洋風に「開化」しなければ植民地にされてしまう。だからといって、日本人の理想を忘れて、ただやみくもに西洋化しても、真の「開化」はできない。西洋を理解し取り込む主体がないからだ。このような、見せかけだけの開化を、明治の文豪夏目漱石は「上滑りの開化」と言った。明治四十四年におこなわれた「現代日本の開化」と題する講演でのことだ。

漱石も藤村たちとほぼ同世代で、やはり家の再興のため「一中」「一高」「大学」のエリートコースを目指す。漱石は漢学が大好きだったが、それでは出世できないと知り、しかたなく英語を学んだ。国費で英国留学を果たし、一高の教授にまで登りつめたが、長く「英語」に欺かれたような気持ちを持ち続けたという。

藤村は一族の願いもむなしく「一高」受験に失敗。しかし、明治学院で文学に目覚め、自己表現の道を歩み始める。克己は「一中」に合格したのに明治学院に進み、結局中退。父親の失望を横目に「絵の道」を手に入れる。父親が亡くなると、皆に内緒で渡米し、自活しつつ思いきり芸術を楽しむ。友人が婚約解消した女性に同情して結婚。

藤村も克己も、親たちの「期待」を図らずも裏切り、「出世のための勉強」に挫折したところで自分の道と出会っている。何だか皮肉なことだ。ここに、明治以降の「勉強」、「学校」という言葉をめぐる屈折（上滑り）があるのではないか。

『学問のすゝめ』が説く平等社会、そして誰もが学校で勉強できることの意義は、大変もっともで、その後大正、昭和、平成と続く学歴社会を生きてきた私たちには、常識のように思われる。「みんな学校に通いましょう。勉強を頑張れば誰でも好きな職業に就けますよ」という世の中は、確かに当時の人々にも、今の私たちにも平等に思えるかもしれない。

が、これは裏を返せば「学校の勉強」でしか評価されない世の中の到来を告げるものではないか。しかも、進学に主に関わるのは国・数・英・理・社の五教科、読み書きに秀でた生徒だけが活躍できる環境だ。これに体育・音楽・美術・技術家庭が加わったとしても、すべての生徒に活躍の機会が与えられるとは思えない。

学校に自分を生かす場所を見つけられない生徒の立場に立ってみると、明治以来の義務教育制度は「平等」の名の下に、負けると分かっている競争に無理やり参加させられるようなものではないだろうか。

不平等を平等に押しつけられて、「平等なんだから文句はないだろう」と言われたときの、丸め込まれた気分。そのうえ、学校の教科は日本の伝統的なものではなく西洋からの輸入である。教える教師も、教わる生徒も、保護者も、「これからは洋学だ」という「上滑り」の動機で学ぶ。教育の中身よりも点数が気になる。平等に学べるのだから、選抜試験が厳しくても文句は言えない。「一中・一高」に入れるかが気にかかり、「一中・一高」に入れたことが人生の喜びとなる。そこに「国民国家」というイデオロギーが導入される。

江戸時代に熊二たちがしていた勉強と、明治になって藤村たちがしていた勉強は、同じ勉強でもずいぶん違う。周囲の大人達の意識も違う。勉強によってはぐくまれる地域社会の空気、気配が違う。明治の世になって日本中に行き渡った空気、それは、競争社会がかもし出す雰囲気。熊二の長男・祐吉はそのような中で育った。

キリスト教信者であり、学校教育に情熱を燃やす両親のもと、薬物依存に苦しみ抜き、短い生涯を終えた祐吉。依存症は現代の社会問題のひとつであり、祐吉の苦しみは、私たち現代人の苦しみといってもよい。

その父・熊二もまた、社会的な事情で親もとをひとり離れ、養家を転々と変えながら成長する。私たちから見れば、間違いなく不幸な生い立ちだ。が、熊二の生涯には屈折したところがない。いろいろ悩み苦しんだとも思われるが、熊二はいつも自分が信じた人生を、わき目もふらず歩んでいる。どんな現実も受け入れ、前向きに進んでいく。不幸の影がない。

私たちは、祐吉の人生には同情もし、彼のこころの屈折にも感情移入できる気がする。しかし、熊二の人生については、「どうしてここまで真っ直ぐなのか」という疑問ばかりが先に立ってしまい、理解には至らないのが実情ではないか。

疑問といえば、熊二の最初の妻・鐙の人生もそうだ。十年以上留守にしていた熊二が、クリスチャンとなって帰国した後、すぐに自分も洗礼を受け、人格も一変する。そして教育者となって夫・熊二とともに明治女学校を創立する。この迷いのなさには疑問を越えて、異様な感じさえ覚えるのだ。

悲劇の長男・祐吉が両親に対して持った感情も、似たようなものではなかったか。尊敬する父と母を理解し、ついて行きたくても、隔てられ取り残され、ついて行けない感じ。この「ついて行けない感じ」こそ、江戸の社会と明治以降の日本社会の空気の違いから来るギャップ(隔たり)なのではないか。

熊二と鐙の間にだけ流れる空気、祐吉のまわりにはない空気。江戸時代なら、祐吉のまわりにも、周囲の大人たちにも流れていた空気。祐吉を熊二の優秀な後継者に育てたであろう空気。その空気は、祐吉が生まれた頃にはもはやなく、祐吉には両親のこころが見たくても見られなかった。

私たちから江戸の人々が異様に見えるなら、立場を変えて、江戸の人々から見れば、私たちの言動は、当然異様に見えるだろう。熊二をはじめ、江戸時代の空気の中で儒学を学んだ井出静や、鮫島晋の目には、明治の世の中や、人々の言動は、まさに「疑問を越えて、異様な感じ」だったのだ。熊二たちにとっては、迷う余地もなく、当然と思うことが、明治の社会には通じない、というもどかしさを常に感じていたのではないか。

その原因は、いろいろあるだろうが、確かなことは、明治政府が学制をしき、勉強の意味が変わっていったこと、それにともなって、人々の言動が変わってきたこと。なによりも彼らに危機感をもたらしたのは、社会の行動原理が「人の道」から外れていくと思われたことだったのではないか。熊二は、長男・祐吉が病み、むしばまれていくのを見つめながら、明治の社会が人々のこころに投げかける「影」、教育の力の恐ろしさを実感したのではなかったか。

「なぜ勉強しなくちゃいけないの？」子供達に尋ねられたとき、戦前までの大人は恐らく「お国のためになるからだ」と答えたのだろう。戦後は「君の可能性を広げるためだ」と答えるのが主流だ。

戦後は徹底して平等が目指され、大手の進学塾の模擬試験では、全国の生徒が「学力ピラミッド」の中に位置づけられる。ピラミッドの上位に登りつめた人にとって、親の期待や、先生の期待、ここまで頑張った自分の努力の時間を無にするのは、勇気が要る。降りたくても降りられない。時にしがみつく。

競争の中で、「自分には勉強しかない」と思い詰めて勉強している人がいたら、その人は自分の人生の可能性をどんどん細く、狭くしているのではないか。「自分には水彩画しかない」

と、勉強に励んだ三宅克己とは違う。彼は自分のやりたいことが分かっていた。他の人との比較ではない満足と充実があった。「必死に勉強していたら自分を見失っていた」、とは熊二たちの世代には噴飯ものだろう。だが、冗談ではなく、この本末転倒が明治以来、そして敗戦後七十年以上を経た現在もなお変わらぬ、日本の学校教育の現状ではないか。

「小諸義塾」はそのねじれに挑んだ。熊二、鮫島、井出にとって勉強とは、彼等の人生がそうであるように、人に「自由」、「自立」、「自信」をもたらすものだ。

小諸の若者が、はやりの中等教育を受けられず、進学の可能性が絶たれて劣等感を持つ姿、また進学して、われこそは人生の成功者、と「上滑り」の優越感を持つ姿、どちらも間違っている。たとえ、中学校のような科目がなくても、「漢文」、「英語」、「数学」、「物理」だけで人を育てられる。その確信が私塾設立につながったのだろう。

日本文化を身に備え、なおかつキリスト教精神、フランスの民主主義思想を血肉化した教師たちに学び、彼らを乗り越えた先に生徒たちは何を見ただろう。まぎれもない「欧米世界」が見えたはずだ。熊二たちがどのような学校を創りたかったか、資料はなくても彼等教師たちの存在が、生徒をどこに向かって歩ませたかは想像できる。「世界にひらかれた学校」。今、はやりの言葉で言えば「グローバリゼーション」。それが「小諸義塾」の教育精神である。

当時の小諸町議会の議員たちにとって、そのような教育精神は理解できないものだったろう。アメリカの大学を卒業した学士、東京大学を卒業した理学士。これら高学歴の教師の存在は、町の人々に「学歴社会」に打って出る若者をどんどん育ててくれることを期待させたろう。町の人は熊二や鮫島を「上滑り」の洋学紳士と区別できなかったはずである。

生徒の小山周次が熊二に将来を問われたとき、「克己のような絵を描きたい」と答えて、そばにいた伯父が「馬鹿野郎、絵など描いて飯を食って行けると思うか、だから小学校卒業の時うちの店の小僧になれと言ったではないか」と叱る場面は、世間の「勉強」観をよく表している。中学校に通わせて「勉強」させるのは、図画の勉強のためではなかった。詩の勉強のためでもなかっただろう。学歴ピラミッドに位置付かない勉強は勉強ではないのだ。

それに対して熊二は「人間というものは自分のやりたいと思う方向に進ませるのが成功の秘訣です。無理はいけません」と、周次を丸山晩霞のもとに下宿させる。熊二は人間に目を向けている。しかし、当時の人々の多くは、急激に近代化する世の中に目を奪われていた。熊二のいう「成功」の意味と、世間的「成功」の意味は明らかに違った。熊二に学んだ生徒は「学歴ピラミッド」に依存せず、自分の道を自分で歩むことを学んだに違いない。

二十一世紀になり、コンピュータの発達は情報社会を出現させ、世界は二十世紀初頭の欧米中心の世界から、インターネット中心の世界へと変わりつつある。個人は国境に制約されることなく、ネット上で自由に交流できるようになった。同時にグローバル化の「波」は世界中から寄せるようになった。ときに、思いがけない波が私たちの足下まで押し寄せるかもしれない。

私たちは個人として世界と向き合っている。そこには、国家にも学歴にもしばられていない風通しのよさがある。ネット社会が個人にもたらした世界は、「小諸義塾」が生徒たちに見せた世界に近い。義塾の目指した世界は、人類が目指した世界だったのだ。義塾のいう「勉強」、義塾のいう「成功」は、二十一世紀の現在求められている「勉強」、そして「成功」だった。

熊二も鮫島も極めて短期間にグローバル化を成し遂げた偉人だった。かれらには、これからの人間、社会にふさわしい学校のあり方が見えてしまっていたのだろう。かれらの教育活動は、当時の人々にはややせっかちで、早すぎたのだ。

あれから百年余り経った今、私たちは西洋文化を自分たちなりに消化し、上滑りに急ぐ必要もなくなった。自国の伝統文化に目を向ける余裕もできた。そんな今だからこそ、「小諸義塾」がこれからの学校のあり方の大きなヒントとなっていることに、教育版「水滸伝」がまだ終わっていなかったことに、ようやく気づけたのだ。

（私立明星学園中学校・高等学校教諭）

小諸義塾の歴史（亀山　平九郎）

	小諸義塾関係者の動静	小諸義塾をめぐる動き
1892（明治25）年	1月、木村熊二（47歳）が信州での布教を決意し佐久へ向かう（1章） 鮫島晋（40歳）新潟県高田中学校教諭となる（2章） 8月、熊二の長男・祐吉（24歳）が熊本の監獄に収監される（1章） 10月、島崎藤村（20歳）が明治女学校高等科英語教師となる（4章） 三宅克己（18歳）が原田直次郎の画塾・鐘美館に入塾（5章）	
1893（明治26）年	1月、島崎藤村（21歳）明治女学校辞職、教会脱会。関西漂泊（4章） 6月、小山太郎（22歳）が小諸町に滞在中の木村熊二（48歳）と出会う（1章） 9月、木村祐吉（25歳）が熊本の監獄から出獄（1章） 10月、藤村が神奈川県国府津で入水自殺未遂（4章）	11月25日、小諸義塾、耳取町の佐藤知敬宅で創立（1章）
1894（明治27）年	三宅克己（20歳）がアルフレッド・パーソンズの水彩画に出会う（5章） 島崎藤村（22歳）が再び明治女学校の英語教師となる（4章） 10月、藤村、自殺した北村透谷のために『透谷集』刊行 三宅克己出征（5章）	義塾内に小諸図書館設立（1章） 小諸でフルベッキ講演会（2章） **7月、日清戦争開戦** 義塾、施設拡張のため太田道一氏旧宅に移転（2章）
（明治28）年	4月、鮫島晋（43歳）が上田に私塾成明学舎を創設（2章） 8月、島崎藤村（23歳）かつての恋人佐藤輔子死去（4章） 12月、井出静（42歳）が中国大陸から帰国（3章）　藤村が再び明治女学校を辞職（4章）	町の補助金100円 **2月、日清戦争終戦** 9月、小諸義塾発起人同盟解約の件を協議（2章）

年	出来事	小諸義塾
1895	木村熊二（50歳）が二番目の妻・華と離婚（2章） 丸山晩霞（28歳）が吉田博（19歳）と出会い水彩画に目覚める（5章）	
1896（明治29）年	3月、木村熊二（51歳）が森山で演説会、水蜜桃栽培を勧める（3章）島崎藤村（24歳）が小諸の熊二を訪問（4章） 9月、熊二が22歳の東儀隆と結婚（3章）藤村が仙台の東北学院に赴任（4章） 11月、井出静（43歳）が病気のため陸軍を除隊し小諸に帰る（3章）	町の補助金200円 義塾、小土肥信近氏宅で仮授業。英語・木村、数学・鮫島、漢文・根本静 4月、有志の寄付金で洋風2階建の塾舎建築に着手、8月落成（3章）
1897（明治30）年	5月、三宅克己（23歳）除隊、大陸から帰国。6月、渡米（5章） 8月、島崎藤村（25歳）が詩集『若菜集』出版（4章）	町の補助金250円
1898（明治31）年	4月、島崎藤村（26歳）が東京音楽学校入学（4章）丸山晩霞（31歳）が水彩画を明治美術会創立十周年記念展に出品（5章） 5月、木村熊二（53歳）の書斎・水明楼が中棚に建つ。同時に井出静（45歳）と共同で鉱泉浴室を建設（3章） 6月、三宅克己（24歳）ロンドン、パリを旅行（5章） 9月、克己が米欧旅行から帰国、晩霞と出会う（5章）	小諸町会、補助金支出に伴い義塾監督委員を設置 7月、平屋の塾舎が増築される（4章）
（明治32）年	4月、島崎藤村（27歳）が小諸義塾の国語・英語教師となる（4章）、秦冬と結婚（5章） 5月、木村熊二（54歳）の長男・祐吉（31歳）死去（5章） 7月、大井小太郎が義塾の体操教師となる。丸山晩霞（32歳）が三宅克	2月、小諸義塾、私立学校令による長野県知事の認可が下り、3年制の中等教育学校となる。塾主井出、校長木村、教員鮫島・成瀬（4章）

年	義塾・人物	町・学校
1899	己（25歳）を連れて小山太郎を訪問（５章） ９月、克己が大下藤次郎の媒酌で結婚（５章） 12月、克己が義塾の図画教師となる（５章）	11月、徳富蘇峰（36歳）が小諸義塾で講演
1900（明治33）年	４月、渡辺寿が義塾の歴史・地理・英語の教師に加わる。鮫島晋（48歳）が義塾の専任教師となる（５章）　小山周次（15歳）入塾 10月、三宅克己（26歳）３週間入営（５章）　徳富蘆花（33歳）が小諸を訪問（７章） 11月、丸山晩霞（33歳）が克己の勧めで渡米（５章） 12月、克己が義塾退職、上京（６章）	町の補助金１８００円（うち３５０円が校舎増築費に） 夏休み後、平屋塾舎が増築 11月、町立小諸実業補習学校創立。校長は小諸小学校長が兼務。木村隆（26歳）を臨時職員として採用
1901（明治34）年	４月、土屋七郎（26歳）が小諸義塾の博物教師となる（６章） 11月、丸山晩霞（34歳）が欧州を歴遊し帰国（５章）　柳田国男（26歳）が小諸の島崎藤村（29歳）を訪問 12月、三宅克己（28歳）が２度目の欧州旅行に出発	町の補助金１８００円（含建築費） ３月、佐藤寅太郎（35歳）が小諸小学校長着任（６章） 小諸義塾に女子学習舎を併設、５月に内村鑑三（40歳）が女子学習舎で講演（６章）
1902（明治35）年	１月、丸山晩霞（35歳）が小諸義塾の図画教師となる（６章） ３月、井出静（49歳）が病没（６章） ４月、義塾生の小山周次（17歳）が晩霞の書生となる（６章） ７月、渡辺寿が佐野安次と結婚。佐野姓に変わる（６章） 12月、小山内薫（21歳）が佐野寿を訪問（６章）	町の補助金１３００円 義塾、４年制となる 小諸町会で義塾と実業補習学校との合併論議
36）年		町の補助金１２００円 ５月、小諸義塾創立10周年記念祭

1903(明治	10月、有島生馬（20歳）が島崎藤村（31歳）を訪問（7章） 12月、木村熊二（58歳）が神津猛（21歳）に資金援助を求める（7章）	6月、義塾基金を設立、募金に着手 8月、女子学習舎廃舎、以後学習会となる（7章）
1904(明治37)年	1月、田山花袋（32歳）が島崎藤村（32歳）を訪問 3月、藤村が義塾辞職を1年延期。神津猛（22歳）義塾に50円寄付（7章） 7月、藤村が函館の岳父・秦慶治に出版費用の援助求める（7章） 9月、鮫島晋（52歳）大病。10月、松茸狩で藤村、木村熊二（59歳）らが神津猛を訪問（7章） 12月、大井小太郎が応召（7章）	**2月、日露戦争勃発** 町の補助金１０６２円 補助金の削減により、職員の月給１割を義塾に寄付（7章）
1905(明治38)年	3月、島崎藤村（33歳）が『破戒』執筆中の生活費援助を神津猛に求める（8章） 4月、藤村一家が上京（8章） 5月、藤村の三女縫子病死（8章） 10月、丸山晩霞（38歳）が義塾を退職、上京（8章） 11月、藤村『破戒』脱稿　木村熊二（60歳）が義塾引き渡し金を受領（8章）	町の補助金１２００円 3月、女子学習舎による学習会閉鎖（7章） **9月、日露戦争終戦** 10月、小諸町の協議会で義塾を町立中学校に決定（8章）
1906(明治39)年	3月、木村熊二（61歳）が小諸を去り長野へ（8章） 島崎藤村（34歳）『破戒』を自費出版、4月に次女孝子病死（9章） 6月、藤村の長女みどり病死（9章）	1月、義塾を小諸商工学校に変更することが確定（8章）

〈関連人物生没年表〉 人名，生年，没年

人名	生年	没年
木村熊二	1845	1927
木村鐙	1848	1886
鮫島晋	1852	1917
井出静	1853	1902
田口卯吉	1855	1905
内村鑑三	1861	1930
半田辰太郎	1861	1939
小山久左衛門	1862	1918
徳富蘇峰	1863	1957
山路愛山	1864	1917
佐藤寅太郎	1866	1943
丸山晩霞	1867	1942
徳富蘆花	1868	1927
北村透谷	1868	1897
木村祐吉	1868	1899
大下藤次郎	1870	1911
小山太郎	1871	1969
田山花袋	1871	1930
島崎藤村	1872	1943
三宅克己	1874	1954
木村隆	1874	1949
土屋七郎	1874	1952
小山内薫	1881	1928
青木繁	1882	1911
坂本繁二郎	1882	1969
有島生馬	1882	1972
神津猛	1882	1946
小山周次	1885	1967

あとがき

東京でフリーライターの仕事をし、現在、生涯年金専門の社会保険労務士をしている菊池憲一さんは、私の古い友人である。何年か前、故郷の小諸市に帰った彼から電話があって、小諸義塾の教師たちについて調べてまとめてくれないかという依頼があった。

自分が生まれ育った町のために、小諸義塾の顕彰を通して何とか役立ちたいという、菊池さんの心意気を感じて、私は快諾した。半年程で書き上げて約束を果たしたのだが、九人の教師たちがあまりに魅力的だったので、一つの物語として書き直したくなって、菊池さんの了承を得て取り掛かることにした。

それから二年、一冊の本になりそうな分量となったので、まず菊池さんに読んでもらい、地元の信濃毎日新聞社出版部への取り次ぎをお願いした。この本は、信濃毎日新聞社から刊行してもらうのが一番ふさわしいだろうと考えたのは、義塾が信州小諸にあったからだ。それから一年半程かかってでき上がったのが本書である。

小諸義塾の歴史は、信濃教育の宝であるばかりでなく、日本の私立教育界の、いや、日本の学校教育全体にとっての至宝ではないかと私は思っている。

本書の成立にあたっては、多くの人のお世話になった。貴重な資料を快く貸し出して下さった市立小諸図書館、その窓口の労をとって下さった渋谷区立富ヶ谷図書館の方々。

また、出版部で本を編集するにあたり、小諸義塾のあった明治三十年代に、塾生の小山周次が描いた素晴らしいスケッチ作品群の掲載を快諾して下さった市立小諸高原美術館・白鳥映雪館。さらに、数々の写真資料を提供して下さった小諸市立藤村記念館・小諸義塾記念館をはじめ、東御市の丸山晩霞記念館、中津川市の藤村記念館、小諸市の中棚荘の方々。

そして私の手書きの原稿を三度にわたってパソコンで打ち直し、年譜を作成し、美事な「解説」を寄せられた亀山平九郎さん。丁寧な深い読み込みで、私の思い違いや足りないところを指摘された出版部の伊藤隆さん。

こうした人たちの援助と協力によって、この本は生まれた。心からの感謝と御礼を申し上げる。ありがとうございました。

大川　公一

―遅い台風の去った晩に―

主要参考文献

「木村熊二日記」（校訂増補）東京女子大学比較文化研究所
「小諸義塾と木村熊二先生」小山周次編　大空社
「私立小諸義塾沿革誌」林　勇　小諸義塾沿革誌刊行会
「小諸義塾の研究」高塚　暁　三一書房
「明治女学校の研究」青山なを　慶応通信
「小山太郎日記」（明治22〜25）市立小諸図書館
「小諸義塾の会会報」No.50〜60

「小諸郷友会報告」6冊（1号〜30号）市立小諸図書館
「小諸市誌　近・現代篇」小諸市教育委員会
「長野県史　通史編　第七巻近代1」長野県史刊行会
「小諸繁昌記」　塩川友衛　櫟
「塩川伊一郎評伝」小林　収　龍鳳書房
「信州人のための幕末史」土屋　浩　ほうずき書籍
「実録 小諸藩の明治維新」飯塚道重　櫟
「佐久を開いた人たち」中村勝実　櫟
「抵抗の佐久人」中村勝実　櫟
「相楽総三とその同志」上・下　長谷川　伸　中公文庫
「信濃路ガイド『小諸』を読む」アース工房編集部
「長野県歴史人物大事典」郷土出版社

「日本歴史地名大系20巻　長野県の地名」平凡社
「藩史大事典　第3巻　中部編Ⅰ—北陸・甲信越」雄山閣出版
「近世藩制・藩校大事典」吉川弘文館
「佐藤寅太郎選集」信濃教育会

「青年よ理学をめざせ~東京理科大学物語~」馬場錬成　東京書籍
「貢進生 幕末維新のエリート」唐沢富太郎　ぎょうせい
「理大 科学フォーラム」2002.10　2003.(6.7.9.10)

「江戸時代の教育」R・P・ドーア（松居弘道訳）岩波書店
「江戸時代とはなにか」尾藤正英　岩波書店
「近世の儒教思想」相楽 享　塙書房
「近世日本における儒教運動の系譜」相楽 享　理想社
「世界の名著19　朱子 王陽明」荒木見悟 編集　中央公論社
「朱子学と陽明学」島田虔次　岩波新書
「朱子学化する日本近代」小倉紀蔵　藤原書店
「中国思想史（上）（下）」森 三樹三郎　第三文明社

「明治キリスト教の流域」太田愛人　築地書房
「人物叢書　田口卯吉」田口 新　吉川弘文館
「人物叢書　山路愛山」坂本多加雄　吉川弘文館
「人物叢書　中村敬宇」髙橋昌郎　吉川弘文館
「明治の人物誌」星 新一　新潮文庫
「西国立志編」サミュエル・スマイルズ（中村正直 訳）講談社学術文庫

「日本の名著40　徳富蘇峰　山路愛山」　中央公論社
「日本人の自伝19　横山大観・三宅克己・山田耕筰」　平凡社
「水彩画家　丸山晩霞」（復刻版）　小山周次編　一草舎出版
「丸山晩霞画集」　信濃毎日新聞社
「日本の水彩画1　大下藤次郎」　原田　光　日本アート・センター
「日本の水彩画2　小山周次」　下平正樹　日本アート・センター
「日本の水彩画11　丸山晩霞」　陰里鉄郎　日本アート・センター
「日本の水彩画14　三宅克己」　三輪英夫　日本アート・センター
「小山周次展」　八十二文化財団
図録「みづゑのあけぼの　三宅克己を中心として」　徳島県立近代美術館
図録「水彩表現の開拓者　三宅克己回顧展」　徳島県立近代美術館
図録「島根県立石見美術館所蔵　水彩画展　大下藤次郎」　千葉市美術館
図録「生誕140年　吉田博展」　毎日新聞社
図録「日本の水彩展」　福岡県立美術館
図録「水彩画　みづゑの魅力　明治から現代まで」　青幻舎
図録「もうひとつの明治美術　明治美術会から太平洋画会へ」　もうひとつの美術展実行委員会
「近代の美術58　日本の水彩画」　匠　秀夫　至文堂
「日本文壇史」1～10　伊藤　整　講談社
「後凋」　神津得一郎編　非売品
「藤村全集」全17巻 別巻上・下　筑摩書房
「島崎藤村全集」全12巻 別巻（全集類聚）　筑摩書房
「島崎藤村事典」　伊東一夫編　明治書院
「新潮日本文学アルバム　島崎藤村」　新潮社

主要参考文献

「評伝 島崎藤村」 瀬沼茂樹 筑摩書房
「ミネルヴァ日本評伝選 島崎藤村」 十川信介 ミネルヴァ書房
「群像 日本の作家4 島崎藤村」 井出孫六 他 小学館
「冬の家」 森本貞子 文芸春秋
「島崎藤村―追憶の小諸義塾―」 林 勇 冬至書房新社
「島崎藤村と小諸」 林 勇 新文明社
「小諸時代の島崎藤村」 林 勇 竹沢書店
「島崎藤村と小諸義塾」 並木 張 櫟
「小諸時代の藤村」 並木 張 櫟
「島崎藤村と小諸」 並木 張 櫟
「島崎藤村 春雨の旅」 並木 張 櫟
「『破戒』の牧場と悲話」 並木 張 ほうずき書籍

「内村鑑三信仰著作全集」 全25巻 教文館
「内村鑑三日記書簡全集」 全8巻 教文館
「内村鑑三」 鈴木藩久 岩波新書
「内村鑑三」 関根正雄編 清水書院
「内村鑑三の生涯」 小原 信 ＰＨＰ研究所

大川 公一（おおかわ・きみかず）
昭和22年（1947）静岡県伊豆の国市に生まれる。東京大学文学部国文学科卒業後、私立成城学園高校で教鞭をとり、部長、校長を歴任。角川版、筑摩版の高校国語教科書編集委員を長きにわたりつとめる。
著書に『竹林の隠者　富士正晴の生涯』（影書房）、『攻めダルマ蔦さん　池田高校・蔦文也監督遠望』（アーバンプロ出版センター）、『無欲越え　熊谷守一評伝』（求龍堂）がある。

編　集　　伊藤　隆
装　丁　　酒井　隆志

青春小諸義塾　サムライ教師と未来の学校
2018年1月22日　初版発行

著　者　　大川公一
発　行　　信濃毎日新聞社
〒380－8546　長野市南県町657
電話026-236-3377　ファクス026-236-3096（出版部）
https://shop.shinmai.co.jp/books/
印刷製本　大日本法令印刷株式会社

ISBN978-4-7840-7319-1 C0095